职业院校新能源汽车专业任务驱动教学法创新教材

新能源汽车
驱动电机控制技术

○ 主　编　　李国君　黄　海　欧吉伟
○ 副主编　　谢嘉恒　杨　权　毛红孙　许炜娟
○ 参　编　　黎彩娟　雷庆连　杨兴允　龚玉振
　　　　　　潘利丹　李贵发　刘　磊
○ 主　审　　彭朝晖

电子工业出版社

Publishing House of Electronics Industry

北京·BEIJING

内 容 简 介

本书采用图文结合的方式，基于工作过程的方法开发，以国内外典型纯电动汽车为例，围绕全国职业院校技能大赛中职组新能源汽车检测与维修赛项的技能考核点进行编写。

本书以新能源汽车驱动电机控制技术为主线，共设 5 个学习单元，分别是驱动电机的认知、永磁同步电机的拆装与检测、驱动电机减速器的拆装与检测、高压电控总成的拆装与检测、驱动电机及控制器热管理系统检修。本书重点分析了驱动电机的类型、结构和应用，永磁同步电机的结构、工作原理及拆装检测，驱动电机减速器的定义、作用、结构及拆装检测，高压电控总成概述及拆装检测，以吉利帝豪 EV450 和比亚迪 e5 车型为例，详细介绍了驱动电机及控制器热管理系统的组成结构、工作原理，以及电动水泵的检修和驱动电机冷却液的更换。

本书可以作为职业院校新能源汽车相关专业的教材，也可作为新能源汽车有关技术人员的参考资料及相关企业单位的培训教材。

未经许可，不得以任何方式复制或抄袭本书之部分或全部内容。
版权所有，侵权必究。

图书在版编目（CIP）数据

新能源汽车驱动电机控制技术 / 李国君，黄海，欧吉伟主编. -- 北京 : 电子工业出版社, 2024. 10.
ISBN 978-7-121-48982-2

Ⅰ. U469.720.3

中国国家版本馆 CIP 数据核字第 20246ZE301 号

责任编辑：张镨丹
印　　刷：中煤（北京）印务有限公司
装　　订：中煤（北京）印务有限公司
出版发行：电子工业出版社
　　　　　北京市海淀区万寿路 173 信箱　　邮编：100036
开　　本：880×1 230　　1/16　　印张：9.5　　字数：219 千字
版　　次：2024 年 10 月第 1 版
印　　次：2025 年 5 月第 2 次印刷
定　　价：39.00 元

凡所购买电子工业出版社图书有缺损问题，请向购买书店调换。若书店售缺，请与本社发行部联系，联系及邮购电话：(010) 88254888，88258888。
质量投诉请发邮件至 zlts@phei.com.cn，盗版侵权举报请发邮件至 dbqq@phei.com.cn。
本书咨询联系方式：(010) 88254549，zhangpd@phei.com.cn。

前言 PREFACE

党的二十大报告指出,"高质量发展是全面建设社会主义现代化国家的首要任务。""推动经济社会发展绿色化、低碳化是实现高质量发展的关键环节。"新能源汽车是全球汽车产业转型升级、绿色发展的主要方向,也是我国汽车产业高质量发展的战略选择。

本书采用"以行动为导向、基于工作过程"的课程开发方法进行开发,以新能源汽车电机及传动系统检修的典型工作任务为载体,梳理和序化理论知识,根据学生的认知规律设计了相应学习情境和项目,同时融合了全国职业院校技能大赛中职组新能源汽车检测与维修赛项的技能考核点。本书的主要特点如下:以典型工作任务为载体,每个项目都有明确的学习目标;典型工作任务来源于新能源汽车机电维修工实际工作岗位,并进行了适当的教学化加工;理论知识按照典型工作任务的需求进行重新序化,理论和实践以典型工作任务为主线进行了有机融合;学习车型以比亚迪 e5 为主,吉利帝豪 EV450、宝骏 E100 等其他车型为辅,本书全部内容均在实车上进行了验证。

本书共 5 个学习单元,重点介绍了新能源汽车永磁同步电机的拆装与检测、驱动电机减速器的拆装与检测、高压电控总成的拆装与检测、驱动电机及控制器热管理系统检修,高度提炼了核心知识与技能,紧贴生产实际,重在应用。

本书由广西商贸技师学院牵头组织,广西交通技师学院、广西工贸高级技工学校参与编写,湖南吉利汽车部件有限公司提供技术支持。其中,李国君、黄海、欧吉伟担任主编;谢嘉恒、杨权、毛红孙、许炜娟担任副主编;参与编写的还有黎彩娟、雷庆连、杨兴允、龚玉振、潘利丹、李贵发、刘磊;广西机电职业技术学院彭朝晖教授担任本书主审。

由于编者水平有限,书中难免存在疏漏之处,敬请广大读者批评指正。

编 者

目录 CONTENTS

学习单元 1　驱动电机的认知 001

　情境引入 001
　任务目标 001
　思考与成长 002
　知识解析 002
　　1.1　术语和定义 002
　　1.2　新能源汽车驱动电机的特性要求 003
　　1.3　如何选择新能源汽车驱动电机 003
　　1.4　驱动电机的基本原理及特性 004
　　1.5　驱动电机的发展 006
　　1.6　驱动电机的型号及额定值（铭牌数据） 008
　　1.7　驱动电机的分类 010
　工作任务　驱动电机的认知 014
　操作练习　驱动电机的认知 015
　习题 016
　任务评价 017
　知识拓展 017
　　1.8　轮毂电机 017

学习单元 2　永磁同步电机的拆装与检测 020

　情境引入 020
　任务目标 020
　思考与成长 021
　知识解析 021

2.1　永磁同步电机概述 021

　　2.2　永磁同步电机的结构与工作原理 022

　　2.3　旋转变压器 026

　　2.4　永磁同步电机的检测 029

工作任务1　比亚迪e5永磁同步电机的拆装与检测 032

操作练习1　比亚迪e5永磁同步电机的拆装与检测 033

工作任务2　宝骏E100永磁同步电机的拆装与检测 042

操作练习2　宝骏E100永磁同步电机的拆装与检测 042

习题 052

任务评价 052

学习单元3　驱动电机减速器的拆装与检测 053

情境引入 053

任务目标 053

思考与成长 054

知识解析 054

　　3.1　减速器概述 054

　　3.2　减速器的结构 055

工作任务1　减速器润滑油的更换 059

操作练习1　减速器润滑油的更换 060

　　3.3　比亚迪e5减速器的拆装与检测 062

工作任务2　比亚迪e5及宝骏E100减速器的拆装 064

操作练习2　比亚迪e5减速器的拆装 065

操作练习3　宝骏E100减速器的拆装 070

习题 074

任务评价 074

知识拓展 075

学习单元4　高压电控总成的拆装与检测 076

情境引入 076

任务目标 076

思考与成长 077

知识解析 077

　　4.1　高压电控总成概述 077

4.2　高压电控总成的外部接口 089
　　4.3　高压电控总成的内部模块介绍 091
　　4.4　高压电控总成的高压连接关系及低压信号插接件定义 094
工作任务　高压电控总成的更换 099
操作练习1　驱动电机控制器的拆解 099
操作练习2　高压电控总成的更换 102
习题 108
任务评价 108

学习单元5　驱动电机及控制器热管理系统检修 109

情境引入 109
任务目标 109
思考与成长 110
知识解析 110
　　5.1　汽车热管理系统概述 110
　　5.2　驱动电机及控制器热管理系统的组成结构与工作原理 113
　　5.3　吉利帝豪EV450驱动电机及控制器热管理系统 115
　　5.4　吉利帝豪EV450驱动电机及控制器热管理系统检修 123
　　5.5　比亚迪e5驱动电机及控制器热管理系统 129
工作任务　吉利帝豪EV450电动水泵的更换 137
操作练习　吉利帝豪EV450电动水泵的更换 137
习题 143
任务评价 143

学习单元 1

驱动电机的认知

情境引入

一家新能源汽车 4S 店招聘了一批实习生，今天的任务是安排这批实习生到售后维修车间进行新能源汽车驱动电机的基本知识培训，假设你是这家新能源汽车 4S 店的技术总监，领导把这项任务交给了你，请思考如何完成这项任务。

任务目标

知识目标
1. 能概括新能源汽车驱动电机的发展概况及政策标准。
2. 能叙述新能源汽车驱动电机的基本知识。
3. 能够思路清晰地进行交流展示，说明自己的工作计划或成果。

技能目标
1. 会利用书籍及网络等搜集和整理新能源汽车驱动电机的相关资料。
2. 能够在工作中提升诚信意识和服务意识。

素质目标
1. 能够通过互联网、书籍（含车辆使用手册）等获取所需信息，既学到了专业知识，又融入了当今时代的发展潮流，将所学知识与当今国情相结合，在学习中接受思政教育，升华思想，了解国家的发展趋势。
2. 能够参照资料独立或多人合作完成一般的工作任务，培养科学严谨、勤于思考、勇于担当的精神。

3. 在使用新能源汽车的过程中，遵守注意事项，树立安全意识，从中积极培育和践行大国工匠精神，提升家国情怀。

思考与成长

工匠精神不是口号，它存在于每个人身上、心中。长久以来，正是由于缺乏对精神品质的坚持、追求和积累，才让我们的个人成长之路崎岖坎坷，组织发展之途充满荆棘。这种缺乏也让持久创新变得异常艰难，更让基业长青成为凤毛麟角，所以，在资源日渐匮乏的后成长时代，重提工匠精神、重塑工匠精神，是生存、发展的必经之路。

知识解析

1.1 术语和定义

（1）驱动电机系统：通过有效的控制策略将动力电池提供的直流电转换为交流电，实现电机的正/反转控制。在减速/制动时将电机发出的交流电转换为直流电，将能量回收给动力电池，或者提供给超级电容等储能设备供给二次制动使用。

（2）驱动电机：将电能转换为机械能，为车辆行驶提供驱动力的电气装置，也具备将机械能转换为电能的功能。

（3）驱动电机控制器：控制动力电源与驱动电机之间能量传输的装置，由控制信号接口电路、驱动电机控制电路和驱动电路组成。

（4）直流母线电压：驱动电机系统的直流输入电压。

（5）额定电压：直流母线电压的标称值。

（6）最高工作电压：直流母线电压的最大值。

（7）输入/输出特性：表示驱动电机、驱动电机控制器或驱动电机系统的转速、转矩、功率、效率、电压、电流等参数之间的关系。

（8）持续转矩：规定的最大、长期工作的转矩。

（9）持续功率：规定的最大、长期工作的功率。

（10）工作电压范围：能够正常工作的电压范围。

（11）转矩-转速特性：转速特性一般是表征频率的曲线，转矩特性是确定电压上升的曲线。

（12）峰值转矩：电机可以达到的且可以短时工作而不出现故障的最大转矩。

（13）堵转转矩：当机械设备转速为零（堵转）时的转矩。
（14）最高工作转速：达到最高功率时呈现出来的最高转速。

1.2　新能源汽车驱动电机的特性要求

（1）体积小/质量轻：为了充分利用有限的车载空间，减轻车辆质量，降低运行中的能量消耗，应尽量减小驱动电机的体积和质量。驱动电机可以采用铝合金外壳，各种控制装置和冷却系统等也要求尽可能轻量化和小型化。

（2）全速段高效运行：一次充电续航里程长，特别是在车辆频繁启停或变速运行工况下，驱动电机应具有较高的效率。

（3）低速大转矩及宽范围的恒功率特性：即使没有变速器，驱动电机本身也应能满足所需的转矩特性，以获得在启动、加速、行驶、减速、制动等各种运行工况下的功率和转矩要求。驱动电机应具有自动调速功能，可以减轻驾驶员的操作强度，提高驾驶的舒适度，并且能够实现与传统发动机汽车同样的控制响应。

（4）高可靠性：在任何运行工况下都应具有高可靠性，以确保车辆的行驶安全。

（5）高电压：在允许的范围内尽可能采用高电压，可以减小驱动电机、控制器、导线等设备的尺寸，甚至可以降低逆变器的成本。

（6）安全性能：动力电池组、驱动电机等强电部件的工作电压能达到300V以上，对电气系统的安全性和控制系统的安全性提出了更高的要求，新能源汽车驱动电机必须符合相关车辆电气控制的安全性能标准和规定。

（7）高转速：与低速电机相比，高速电机的体积较小，质量较轻，有利于减轻整车装备的质量。

（8）使用寿命长：为降低新能源汽车的使用成本，驱动电机的使用寿命应和车辆保持一致，真正实现节能环保。

同时，驱动电机要求具有耐温性和耐潮性好、运行噪声低、结构简单、成本低、适合批量生产、使用维护方便等特点。

1.3　如何选择新能源汽车驱动电机

选择新能源汽车驱动电机的关键是机械特性。至今为止，电动汽车驱动电机主要包括直流电机、交流异步电机、永磁同步电机、直流无刷电机和开关磁阻电机。机械特性可以用转矩-转速特性和功率-转速特性表示。

在选择新能源汽车驱动电机时可以向电机生产厂家提出所需的各种性能参数。实际上，大多数情况下是新能源汽车制造商根据电机生产厂家提供的技术性能参数选择现成的电机，可供电动汽车选用的电机种类繁多，功率范围很广。新能源汽车对于驱动电机的调速范围、可靠性、在恶劣环境下的工作能力等方面有比较高的要求。

（1）额定电压的选择：电压的选择主要依据车辆总体参数的要求，车辆的自重、电池等相关参数确定后，才能确定电压、转速等参数。也就是说，当车辆自重确定后，电池的个数就确定了，电机的电压等级也随之确定。但总体要求是，尽可能提高电压等级，这样可以使电机在满足驱动要求的情况下，功率小一些，电流也小一些，电池的容量选择、安装空间、安装方式等更容易处理。

（2）额定转速的选择：根据电动汽车的速度、动力性能的要求，需要选择不同转速的驱动电机。

① 低速电机：低速电机的转速为 3000～6000r/min，扩大的恒功率区的低速电机的额定转矩高、转子电流大、尺寸较大、质量较重，相应的转换器、控制器的尺寸也较大，各种电器的损耗较大，但减速器的速比较小。一般低速电机的转动惯性大、反应慢，不太适用于电动汽车。

② 中速电机：中速电机的转速为 6000～10000r/min，它的各种参数介于低速电机和高速电机之间。部分车企根据车型的设计，采用中速电机作为驱动电机。

③ 高速电机：高速电机的转速为 10000～15000r/min，扩大的恒功率区宽，尺寸较小、质量较轻，相应的转换器和控制器的尺寸也较小，各种电器内在的损耗较小。而其减速器的速比较大，通常需要采用行星齿轮传动机构。高速电机的使用主要受电磁材料的性能、高速轴承的承载能力的限制。一般高速电机的转动惯性小、启动快、停止也快，汽车生产企业大多采用高速电机作为驱动电机。

1.4 驱动电机的基本原理及特性

1.4.1 基本原理

电机在电动运行时将电能转换为机械能，在发电运行时将机械能转换为电能。同一台电机既可以作为电动机，又可以作为发电机，切换只需改变相应的控制算法。虽然功率转换的可逆性是电机的普遍原理，但在电机设计和控制上是有所偏重的。

电机中的机电能量转换基于下列两个基本原理：磁通在绕组中感应电压；磁通与电流相互作用而产生转矩。

电机中的能量存储在气隙磁场中。电机工作时，能量以电磁能的形式通过定子和转子之间的气隙进行传递。在电机内建立机电能量转换所必需的气隙磁场，有如下两种方法：一种是在电机绕组内通以电流产生磁场，如普通的直流电机和同步电机，这种电励磁电机既需要有专门的绕组和相应的装置，又需要不断供给能量以维持电流流动；另一种是由永磁体产生磁场，由于永磁材料的固有特性，它经过预先磁化（充磁）后，不需要外加能量就能在其周围空间建立磁场，这既简化了电机结构，又节约了能量。目前电动汽车使用的永磁同步电机大多采用具有高剩磁、高矫顽力、高磁能积的钕铁硼稀土永磁材料。

1.4.2 基本特性

新能源汽车驱动电机是指应用在新能源汽车上，用来驱动车轮进行运动的电机。其基本原理是通过电磁感应，实现机电能量转换或传递。为满足车辆行驶时的舒适性、经济性、动力性、续航里程及性价比等性能要求，车辆用电机与工业用电机的区别如表1-1所示。

表1-1 车辆用电机与工业用电机的区别

项目类别	工业用电机	车辆用电机
封装尺寸	使用空间不受限，可在标准分装配套各种应用	布置空间受限，必须根据具体产品进行特殊设计
工作环境	环境温度相对适中（-20～+40℃），静止应用，震动相对较小	环境温度变化范围较大（-40～+105℃）
可靠性	为保证生产效率，可靠性要求较高	为保证乘车者的安全，可靠性要求特别高
冷却方式	因为体积较大，一般以风冷为主	因为体积较小，通常以水冷为主
控制性能	对动态性能响应要求不高	为了具有较好的动态性能，需要快速的转矩响应控制
功率密度	相对较低，仅为0.2kW/kg	相对较高，一般为1～1.5kW/kg
质量、体积占比	体积大且质量重	相对于工业用电机体积减小了70%，质量减轻了60%

因此车辆用电机的基本特性如下。

1．体积小，质量轻，功率密度和转矩密度大

转矩密度、功率密度分别指最大转矩体积比和最大功率体积比。在满足机械强度的基础上，应尽可能采取铝合金等轻量化材料，以减轻自重；控制器等元件也应该尽可能集成，以减小体积。

2．工作效率高，高效工作区域广

单次充电后应有较长的行驶里程，在整个行驶过程中能适应较复杂路况及行驶方式，并且在较低负荷时也应具有较高的工作效率，即高效工作区域应该较广。

3．具有较大的启动转矩及较宽的调速范围

为了适应车辆频繁启动、加速、匀速行驶、减速、负载、负载爬坡、超车、制动（刹车）等复合工况所需的转矩和功率，以减轻驾驶员的人工作业强度，提升驾驶作业的舒适性，并且达到与发动机汽车具有同样的控制响应性能，电机必须具备自动调速特性。

4．高安全性

为了减小高压部分的工作电流，减小电机和导线尺寸，降低逆变器的成本并提高能量转换效率，在国标允许的安全范围内，应该尽可能做到采用高压电进行输出，因此，驱动电机和电池的工作电压相对较高。

5．能量转换

能够将电能转换为机械能，也可对机械能进行回收再利用，并将其转换为电能。

1.5 驱动电机的发展

1.5.1 驱动电机的发展现状

第九个五年计划以来,我国在电动汽车的研究中投入了更多关注和支持,并取得了一系列科研成果,新能源汽车驱动电机得到了快速发展。目前,这些科研成果正逐步被应用到电动汽车的生产实际中,有效促进了我国电动汽车技术水平的提升。技术科研的最终目的还是要落实到生产实际之中。如今,我国的永磁同步电机、开关磁阻电机等先后实现了与电动汽车生产的结合,并取得了良好的生产效果。随着我国电机运行效率的不断提升,电机使用范围越来越宽,相应的产品质量及技术水平正逐步向国际化看齐。一汽混合动力大巴如图 1-1 所示。

图 1-1 一汽混合动力大巴

纯电动汽车动力系统如图 1-2 所示,由于电机的结构比较复杂,且技术难度大,施工环境较差,因而在新技术研发的过程中存在重重困难。但是随着我国新能源汽车驱动电机研发领域的不断发展,很多性能优化问题逐步得到了解决。例如,在混合动力系统的功能实现方面,变速箱与发动机等实现了结构性改进,控制系统的复杂性正逐渐缓解。此外,就新能源汽车驱动电机的使用状况而言,完全采用电力驱动的汽车主要使用交流异步电机,但随着永磁同步电机性能的不断改进,其使用范围也逐渐拓宽。而电力、汽油混合动力汽车则使用功率较大的驱动电机,该类电机曾经存在稳定性差、噪声大的设计缺陷,目前也有了显著的改进,并广泛投入到现代化生产之中。

图 1-2 纯电动汽车动力系统

同时，我国仍在不断改进新能源汽车驱动电机的设计样式，将更多的现代化理念融入电机设计，并逐步解决了曾经的一系列技术难题。例如，多目标高性能车辆用电机的极限设计，将结构集成设计技术应用到电机设计中。前驱电机系统如图 1-3 所示。另外，对于混合励磁电机等一系列高新技术电机，目前新能源汽车驱动电机领域正在进行广泛的深入研究，且逐步取得了更多的研究成果，虽然目前尚未投入大规模生产，但已通过了多台台架试验，相信在该发展趋势之下，不久之后便有望投入实际生产。

图 1-3 前驱电机系统

在新能源汽车驱动电机的制造工艺方面，行业内同样开展了大量积极的研究，并取得了丰富的研发成果，如高密度绕线技术等在过去尚未解决的技术难题，目前已逐步解决并投入实际生产。

另外，我国在电机系统检测方面也投入了大量的人力、物力进行研究改良，随着测试台架的逐渐完善，目前国内在电机检测方面已经具有比较完善的检测环境，且检测参数比较全面。在性能检测方面，各科研机构选择的研发角度不尽相同，如有些单位侧重于性能检测的研发，而有些单位侧重于测试规范的研究与完善，但就研究成果而言，都取得了不同程度的进步。

此外，对于新能源汽车驱动电机之前存在的零部件设计不完善等状况，科研机构也逐步开展了原有零部件性能的改进，或者取代性产品的开发，如目前初步完成了车辆用电机专用电工钢的设计研发等，有望将其逐步投入实际生产。

1.5.2 驱动电机的发展趋势

1. 电机的功率密度不断提高，永磁同步电机的应用范围不断拓宽

随着用户对电动汽车的使用要求不断提高，原有的电机性能显然已无法满足市场的需求，因此，我们认为，电机将会向着功率不断提升的趋势发展。电机是电动汽车的"心脏"，过去由于功率密度不高，且体积尺寸较大，不利于电动汽车性能的提升。科研及生产机构将着力进行高功率密度的电机研发。同时，随着性能的不断改进，永磁同步电机将越来越多地被应用到新能源汽车之中。

2. 电机工作转速不断提高，回馈制动的高效工作区域不断扩大

电机工作转速的提升也是新能源汽车驱动电机发展的必然趋势，目前在该领域的研发已初获成果，科研机构将继续投入更多的精力促进该性能的进一步提升。此外，随着混合动力电机的一体化发展，对相应的回馈制动也提出了更高的要求，目前回馈制动的高效工作区域正不断扩大，从而促进电动汽车的行车里程不断延长。

3. 电驱动系统的混合度与电功率比不断增加

目前市场上分布了轻混、中混、强混等各种混合程度的混合动力车型，从各种混合动力车型的节能减排效果来看，混合程度越高，节能减排效果越强。电功率比在混合动力汽车领域逐渐增加，电机已不再单单作为发动机的附属设备。各车厂正在逐渐将小排量发动机和大功率电机运用在电动汽车驱动上。

1.6 驱动电机的型号及额定值（铭牌数据）

1.6.1 驱动电机的型号

驱动电机的型号一般在电机的铭牌上就有所标识，通过电机的铭牌我们可以快速识别电机的相关资讯。电机的型号所包含的参数可以快速将同类型的电机进行区分。

电动机是指依据电磁感应定律实现电能转换或传递的一种电磁装置，在电路中用字母 M 表示，它的主要作用是产生驱动转矩，作为用电器或各种机械的动力源。发电机在电路中用字母 G 表示，它的主要作用是将机械能转换为电能，目前最常用的是利用热能、水能等推动发电机转子发电。

（1）驱动电机的型号是便于使用、设计、制造等部门进行业务联系和简化技术文件中产品名称、规格、形式等叙述而引用的一种代号。

（2）驱动电机的型号由电机类型代号、电机特点代号、设计序号和励磁方式代号四个部分顺序组成。

① 电机类型代号是表征电机的各种类型而采用的汉语拼音字母。异步电机用 Y 表示；同步电机用 T 表示；同步发电机用 TF 表示；直流电机用 Z 表示；直流发电机用 ZF 表示。汽轮发电机用 QF 表示；水轮发电机用 SF 表示；测功机用 C 表示；交流换向器电机用 H 表示；潜水电泵用 Q 表示；纺织用电机用 F 表示等。

② 电机特点代号是表征电机的性能、结构或用途而采用的汉语拼音字母。

③ 设计序号是指电机产品设计的顺序，用阿拉伯数字表示。对于第一次设计的产品不标注设计序号，对于系列产品所派生的产品，按设计的顺序标注。

④ 励磁方式代号用英文字母表示，S 表示三次谐波，J 表示晶闸管，X 表示相复励磁。

（3）电机的规格代号主要包含中心高、机座长度、铁芯长度、极数等参数。

① 中心高表示电机轴心到机座底角面的高度，根据中心高的不同可以将电机分为大型、

中型、小型和微型四种，其中中心高为45～71mm的属于微型电机；中心高为80～315mm的属于小型电机；中心高为355～630mm的属于中型电机；中心高为630mm以上的属于大型电机。

② 机座长度用国际通用字母表示，S表示短机座，M表示中机座，L表示长机座。

③ 铁芯长度用阿拉伯数字1、2、3、4由长至短表示，部分电机型号中不包含铁芯长度。

④ 极数主要有2极、4极、6极、8极之分，电机的极数越大，转速越慢。

（4）电机的特殊环境代号：W表示户外型；TH表示湿热带型；THW表示户外湿热带型；TA表示干热带型；TAW表示户外干热带型；WF1表示户外中等防腐蚀型等。

1.6.2 驱动电机的额定值

1．型号
型号表示电机的系列品种、性能、防护结构形式、转子类型等。

2．功率
功率表示额定运行时电机轴上输出的额定机械功率，单位为kW或HP，1HP=0.736kW。

3．电压
电压表示额定运行时加在定子绕组上的线电压，单位为V，电机有Y形和△形两种接法，其接法应与电机铭牌规定的接法相符，以保证与额定电压相适应。

4．电流
电流表示电机在额定电压和额定频率下，输出额定功率时定子绕组的三相线电流。

5．频率
频率表示电机所接交流电源的频率，中国工业用电机频率规定为50Hz，但在电动汽车上，频率是由电机控制器调制的。

6．转速
转速表示在额定电压、额定频率、额定负载下，电机每分钟的转速，单位为r/min。

7．工作定额
工作定额表示电机运行的持续时间。

8．绝缘等级
绝缘等级表示电机绝缘材料的等级，决定电机的允许温升。

9．标准编号
标准编号表示设计电机的技术文件依据。

10．励磁电压
励磁电压表示同步电机在额定工作时的电压，单位为V。

11．励磁电流

励磁电流表示同步电机在额定工作时的电流，单位为 A。

1.7 驱动电机的分类

目前常用的驱动电机分为无刷直流电机、永磁同步电机、鼠笼式异步电机、开关磁阻电机。驱动电机的分类如图 1-4 所示。综合各项对比，目前交流异步电机和永磁同步电机在电动汽车上的应用较为广泛。下面着重论述永磁同步电机。

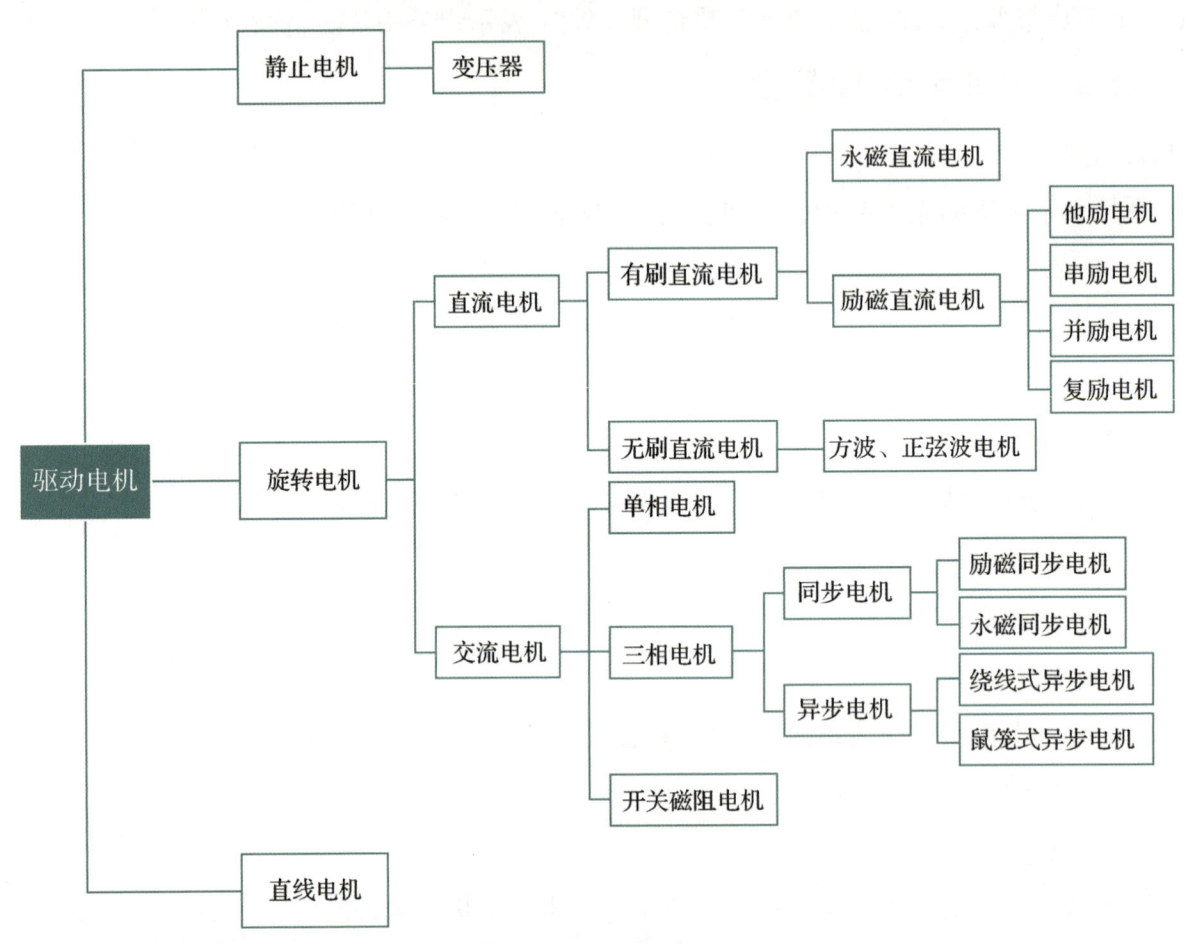

图 1-4 驱动电机的分类

1.7.1 直流电机

直流电机是最早应用在电动汽车上的驱动电机，因为目前的动力电池只能存储直流电，所以直流电机可以从电池组中直接获得直流电，不需要进行交直流的转换。但是由于直流电机的结构复杂，存在换向和电刷维护等问题，不适宜高速运行，且现在车辆性能要求越来越高，因此直流电机的应用受到了极大的限制。

直流电机由定子和转子两大部分组成。直流电机工作运行时静止不动的部分称为定子，其主要作用是产生磁场，由机座、主磁极、轴承、端盖和电刷装置等组成。

直流电机工作运行时转动的部分称为转子，其主要作用是产生电磁转矩和感应电动势，是直流电机进行能量转换的枢纽，所以通常又称电枢，由转轴、电枢铁芯（转子铁芯）、电枢绕组（转子绕组）、换向器和风扇等组成，直流电机的转子结构如图1-5所示，直流电机转子的剖面图如图1-6所示。

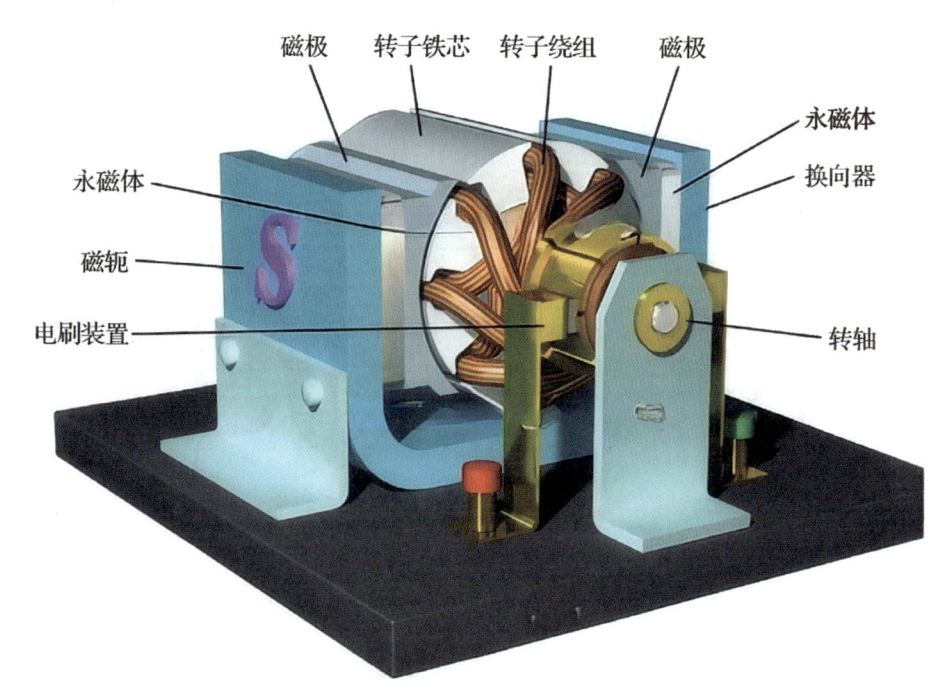

图1-5 直流电机的转子结构

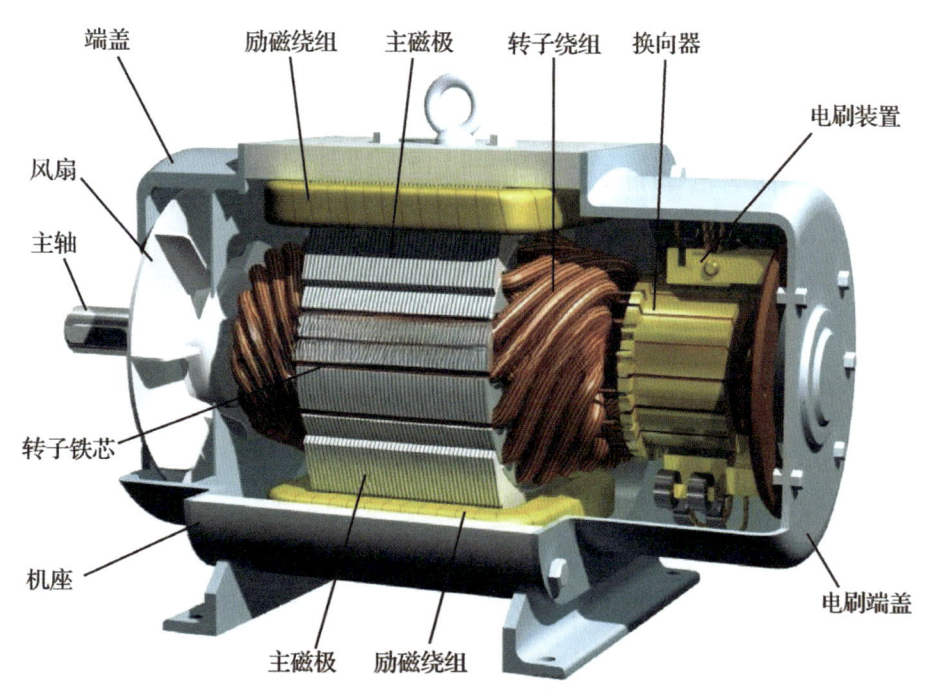

图1-6 直流电机转子的剖面图

1.7.2 交流感应电机

交流感应电机的定子和转子基于电磁感应原理实现转矩的传递，又称交流异步电机，其结构简单、工作可靠、成本低廉，但控制系统相对复杂，存在调速范围小、转矩特性不理想等问题，但得益于微处理技术和交流电机控制技术的大力发展，应用比较普遍，交流感应电机的结构如图 1-7 所示。

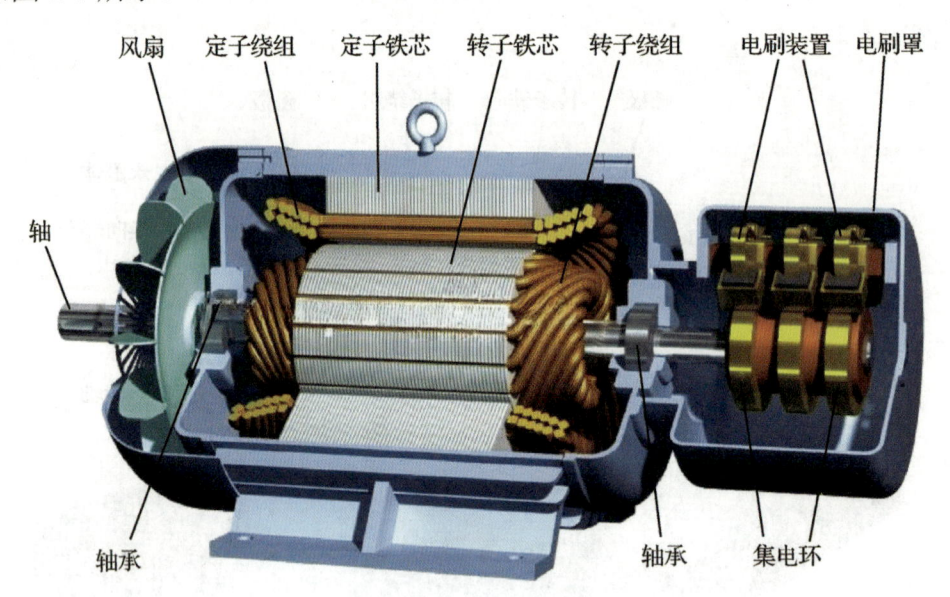

图 1-7 交流感应电机的结构

1.7.3 永磁同步电机

由永磁体励磁产生同步旋转磁场的同步电机被称为永磁同步电机。

永磁同步电机在结构上与永磁无刷直流电机相似，不同之处在于永磁同步电机采用正弦波驱动，所以在具备永磁无刷直流电机优点的同时，具有低噪声、体积小、功率密度大、转动惯量小、脉动转矩小、控制精度高等特点，特别适用于混合动力新能源汽车电机驱动系统，以达到减小系统体积、改善汽车加速性能和行驶平稳性等目的，因此永磁同步电机受到了全世界各大汽车生产厂家的重视。

永磁体作为转子产生旋转磁场，而三相定子绕组在旋转磁场的作用下通过转子反应，感应产生三相对称电流。将转子的机械能（动能）转换为电能，永磁同步电机被当作发电机使用；由于三相定子在空间位置上相差 120°，当在定子侧输入三相对称电流时，三相定子电流会在空间中产生旋转磁场，转子在旋转磁场中受到电磁力作用从而产生运动，此时电能被转换为动能，永磁同步电机可作为电机使用。

一般将定子、转子、端盖及各传感器等部件进行分装，形成永磁同步电机。永磁同步电机的定子结构与普通感应电机的结构极为相似，但永磁同步电机的转子与其他电机有着极为明显的差异，在转子上有质量较为优良的永磁体磁极。根据永磁体在转子上安放位置的不同，永磁同步电机一般分为三大类：面贴式、内嵌式和插入式。定子主要由铁芯和线圈组成；定子铁芯由冲片叠压而成；漆包线绕制成线圈，嵌入铁芯槽，进行绝缘处理；将绝缘处理后的铁芯套入机壳得到定子；转子由铁芯、磁钢、轴压装而成。永磁同步电机的剖面图如图 1-8 所示。

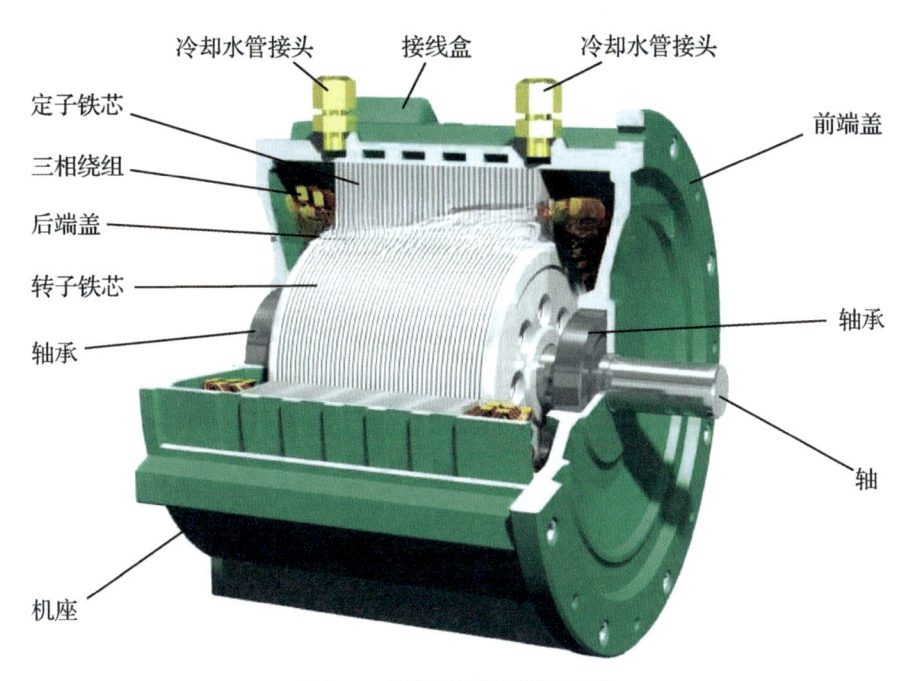

图 1-8 永磁同步电机的剖面图

1.7.4 开关磁阻电机

开关磁阻电机对大多数人来说可能有点陌生，它是新发展起来的一种调速电机，这类电机的结构更为简单、成本更低。转子没有绕组也没有永磁体，定子只有少数几个绕组，具备可靠性高、效率高、散热特性好、启动转矩大、电流小和调速范围宽、适合高转速运转等优点。缺点是转矩脉动大，容易引起较大的震动，因为转子上产生的转矩是由一系列脉冲转矩叠加而成的，由于合成转矩并不是恒定转矩，因此对该电机的低速运转性能有所影响。

由于定子与转子都有凸起的齿极，因此称为双凸极结构。双凸极结构的定子铁芯与转子铁芯如图 1-9 所示。在定子齿极上绕有线圈，是向电机提供工作磁场的定子绕组，定子铁芯上有定子绕组如图 1-10 所示。

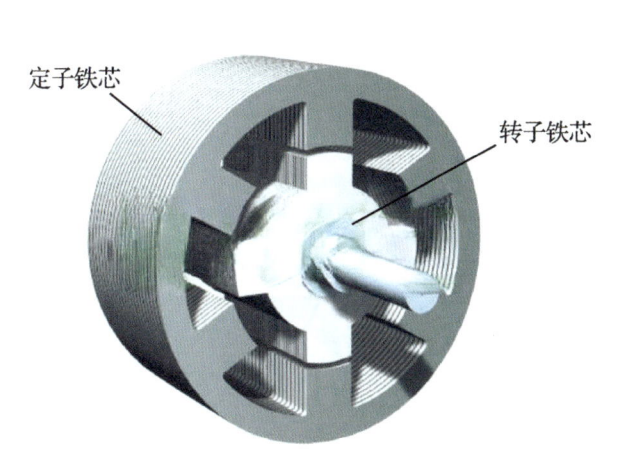

图 1-9 双凸极结构的定子铁芯与转子铁芯

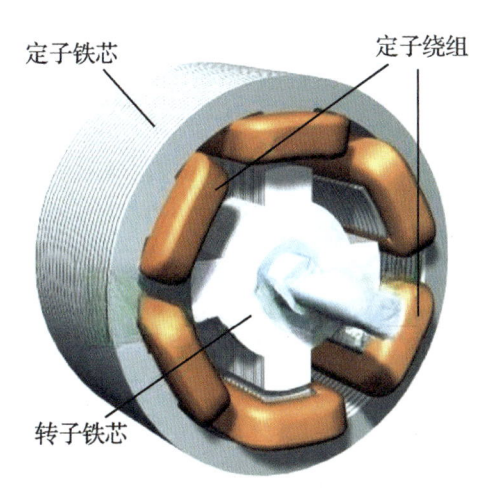

图 1-10 定子铁芯上有定子绕组

1.7.5 常见的四种电机的性能对比

常见的四种电机的性能对比如表 1-2 所示。

表 1-2 常见的四种电机的性能对比

项目类别	直流电机	交流感应电机	永磁同步电机	开关磁阻电机
功率密度	较低	中	高	较高
过载能力/%	200	300～500	300	300～500
峰值效率/%	85～89	94～95	95～97	90
负荷效率/%	80～87	90～92	85～97	78～86
功率因数/%	—	82～85	90～93	60～65
最高转速/（r/min）	3500～6000	12000～20000	3500～10000	>1500
可靠性	一般	较好	优良	较好
结构坚固性	较差	较好	一般	优良
外形尺寸及质量	大、重	中、中	小、轻	小、轻
成本	高	低	高	低于感应电机
优点	因具有较宽的恒功率范围，启动性能较好，调速性能优良，控制系统简单、技术已经成熟	效率高、成本低、结构简单、坚固可靠	体积较小、质量轻、转矩且效率高、功率密度大、能耗小于20%	结构简单、效率高（>85%）、成本低、可靠性强、调速性能优良
缺点	效率低、维护困难、转速低、质量重、体积大	质量重、体积大、功率密度低	易出现退磁现象、成本高	运行噪声大、震动大、控制困难

工作任务　驱动电机的认知

内容	操作
总目标：在学习理论知识的基础上，根据任务要求进行动手实践，掌握驱动电机的外观结构及其作用	
（一）准备	
开始作业前，准备好驱动电机台架（以比亚迪 e5 驱动电机为例）及其相关技术资料。工具箱和防护用品柜内需要有足够的专用维修工具和各类防护用具	1. 劳动保护 ①穿好实训服； ②穿好劳保鞋； ③检查并佩戴工作手套； ④检查专用维修工具和各类防护用具。 2. 台架防护 ①检查并锁死台架车轮； ②检查并确保台架无松动、摇晃情况
（二）明确实训内容	
学生工作	①在各自工位上分组学习； ②在充分学习本项目相关知识的基础上，通过查阅相关技术资料和观察驱动电机外观，完成实训工单（见本书配套教学资源）；

驱动电机的认知 **学习单元 1**

续表

内　容	操　作
（二）明确实训内容	
学生工作	③7S（整理、整顿、清洁、清扫、素养、安全、节约）管理； ④自我评价
指导教师工作	学生在进行上述操作过程中，指导教师进行下列工作。 ①向学生讲解安全注意事项，并要求学生在实训工单中做记录； ②观察、指导学生进行相关操作，及时制止可能发生危险的操作； ③实操结束后审阅学生完成的实训工单，并结合其操作情况给出评价

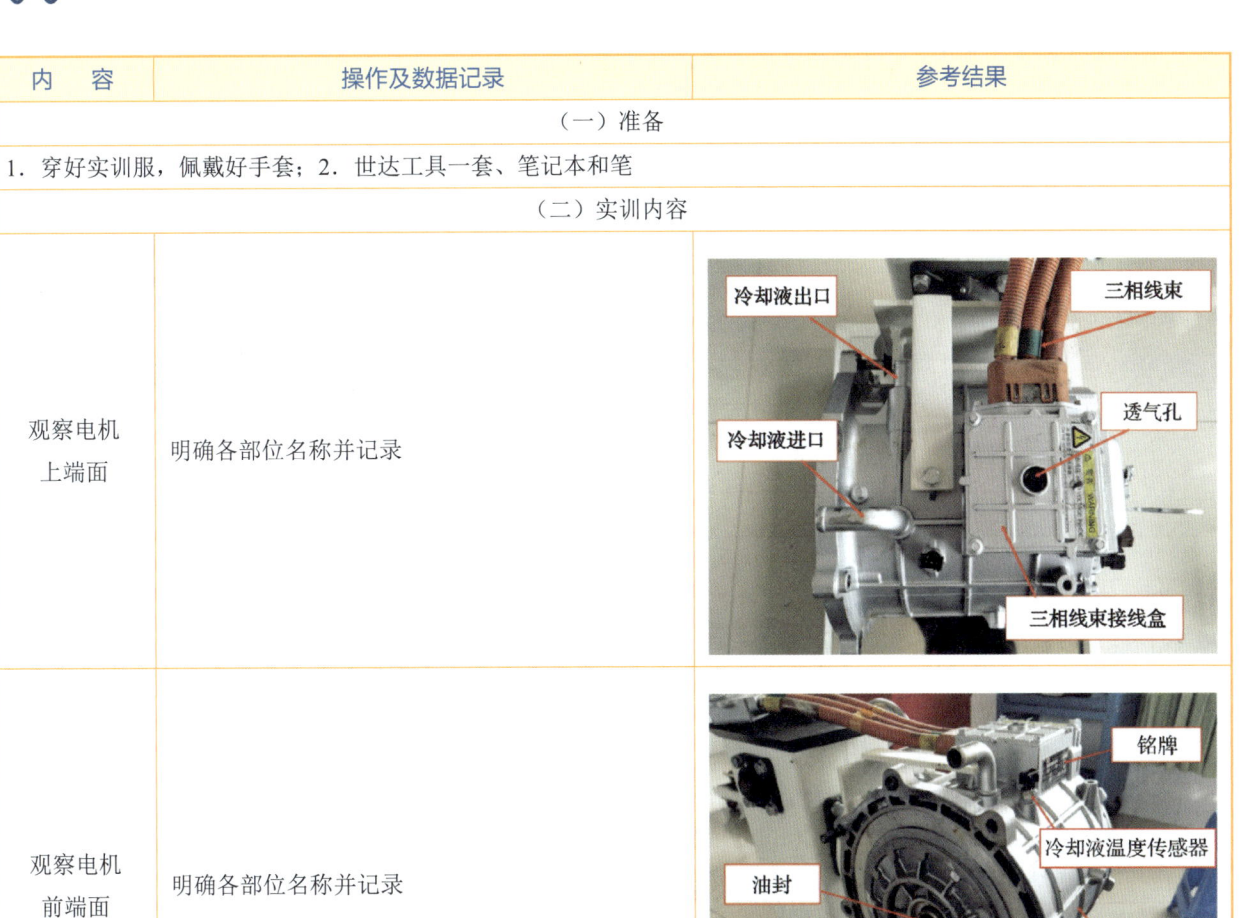

操作练习　　驱动电机的认知

内　容	操作及数据记录	参考结果
（一）准备		
1. 穿好实训服，佩戴好手套；2. 世达工具一套、笔记本和笔		
（二）实训内容		
观察电机上端面	明确各部位名称并记录	（图：冷却液出口、三相线束、冷却液进口、透气孔、三相线束接线盒）
观察电机前端面	明确各部位名称并记录	（图：铭牌、冷却液温度传感器、油封、驱动电机前端盖、定子外壳）

015

续表

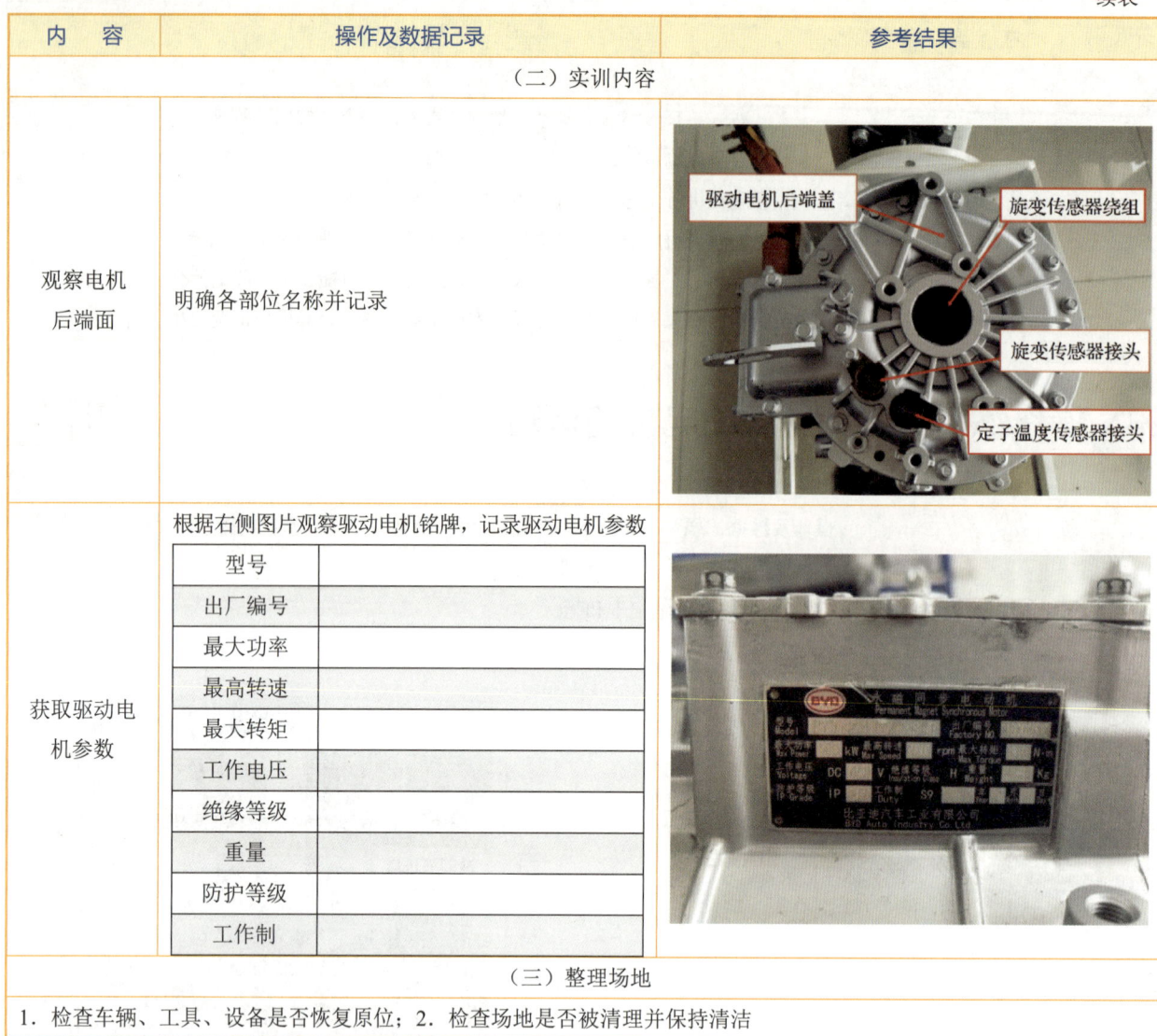

内容	操作及数据记录	参考结果
（二）实训内容		
观察电机后端面	明确各部位名称并记录	（驱动电机后端盖、旋变传感器绕组、旋变传感器接头、定子温度传感器接头）
获取驱动电机参数	根据右侧图片观察驱动电机铭牌，记录驱动电机参数 型号 出厂编号 最大功率 最高转速 最大转矩 工作电压 绝缘等级 重量 防护等级 工作制	（电机铭牌图片）
（三）整理场地		
1．检查车辆、工具、设备是否恢复原位；2．检查场地是否被清理并保持清洁		

习题

1．新能源汽车与传统汽车的主要区别就是_____，传统汽车的主要能源有_____，新能源汽车的主要能源有_____。

2．动力传动系统是电动汽车最主要的系统，电动汽车运行性能的好坏主要是由其动力传动系统的性能决定的。纯电动汽车的动力传动系统主要由_____和_____组成。

3．电机，也称为动力电机或驱动电机，是一种将_____转换为_____，并可以使机械能产生_____，用来驱动其他装置的电气设备。

4．驱动电机是纯电动汽车的唯一_____，可向外输出扭矩，驱动汽车前进或后退；同时可以作为发电机_____。

5．车辆用电机在中速以下时要求_____输出，_____与速度组合决定电机的运转

016

情况，根据坡道起步、_____、行驶区域、_____等不同的行驶状态，会发生很大的变化。

任务评价

请根据任务的完成情况，对自己的工作进行评估、总结。

评分内容	自 评	互 评	教 师 评
遵守安全规范操作（10分）			
遵守课堂纪律（10分）			
学生面貌（10分）			
课堂氛围（10分）			
团队合作（10分）			
知识与技能（20分）			
过程与方法（20分）			
完成本任务实训工单（10分）			
总分（100分）			

知识拓展

1.8 轮毂电机

1.8.1 轮毂电机的结构

轮毂电机动力系统通常由车辆悬架、定子、线圈、电控组件、逆变器、轮轴轴承、固定转子和传统合金轮毂组成，轮毂电机动力系统的结构如图1-11所示。

图1-11 轮毂电机动力系统的结构

（1）轮毂电机由制动碟、钟形密封圈、集成电力电子元件、轮毂轴承系统、制动卡钳、电容环、单齿铸造定子、外置转子和传统车轮组成，轮毂电机的结构如图 1-12 所示。

图 1-12 轮毂电机的结构

① 转子。轮毂电机的转子由转轴、转子铁芯、转子绕组和换向器等组成，是用来实现电能与机械能的转换装置。

② 定子。线圈绕组安装在定子上，在定子内部还有轮毂电机的冷却水道，在电机工作时起到散热作用。

③ 轴承。轴承用于连接传动部分与不动部分，一端与定子和车辆悬架连接，另一端与转子和车辆轮辋连接。

④ 功率与控制电子模块。功率与控制电子模块是轮毂电机的核心，负责各个子电机的逆变功能及协同控制。

⑤ 端盖。利用螺栓与壳体连接，对转子起到固定、支撑的作用，轴承端盖内圈一般装有密封胶圈，防止外界污水和杂质进入定子与转子的缝隙。

（2）轮毂电机一般采用行星减速器，减速器的壳体和减速器端盖共同组成密封的箱体，构成减速器的装配基体，这就是减速器。行星减速器中圆柱齿轮和减速齿轮构成一级减速系统，行星齿轮为二级减速系统。

（3）轮毂电机安装在驱动轮的轮毂内，因为占据了原来布置机械制动卡钳和制动盘的位置，导致无法沿用原有的机械制动器。但是仅靠电机本身的制动器不能满足整车制动效能要求，通常还需要附加机械制动器，轮毂电机动力系统中的制动器可以根据结构采用鼓式制动器或盘式制动器。

（4）随着轮毂电机传动效率的提高，电机内部产生的热量随之提高，如果产生的热量不能及时散出，会使热量在电机内部累积造成电机过热，影响电机正常运转，严重时还会烧坏电机，影响电动汽车的安全性。轮毂电机冷却的方式通常有空气冷却、液体冷却（分为水冷和油冷两种形式）和混合冷却三种，混合冷却一般是在电机内部采用液体冷却同时采用空气冷却，相比于单独使用空气冷却或液体冷却，混合冷却的散热效果更好。

1.8.2 轮毂电机的结构形式

轮毂电机根据电机的转子形式主要分为内转子型和外转子型两种。

1. 内转子型轮毂电机

内转子型轮毂电机通常采用高速内转子电机，同时装配固定传动比的减速器，内转子型轮毂电机的示意图如图 1-13 所示。内转子轮毂电机的优点是电机在高速运行时，具有较高功率的效率比；体积小、质量轻，通过减速器的齿轮增矩后，转矩大、爬坡性能好；电机一般在高速下运行，而且对于电机其他性能并没有特殊要求，因此可选用普通的内转子型轮毂电机，此类轮毂电机的成本较低，能够保证在汽车低速运行时获得较大的平稳转矩。内转子型轮毂电机也有不足之处，因为高速电机必须配备减速器，使得非簧载质量增大，齿轮磨损较大，不易散热，使用寿命短。

2. 外转子型轮毂电机

外转子型轮毂电机通常采用低速电机，不需要配备减速机构，为了使汽车顺利起步，要求电机在低速时提供较大转矩。外转子型轮毂电机的示意图如图 1-14 所示。外转子型轮毂电机的优点是不需要减速机构，不但使驱动轮结构更加简单、紧凑，而且能够在一定范围内减小车辆轴向尺寸；因为转子直接安装在轮毂上，因此其传动效率高。缺点是需要在低速时获得较大转矩，就需要增大电机体积和质量，因而成本较高，加速时效率较低，噪声大。

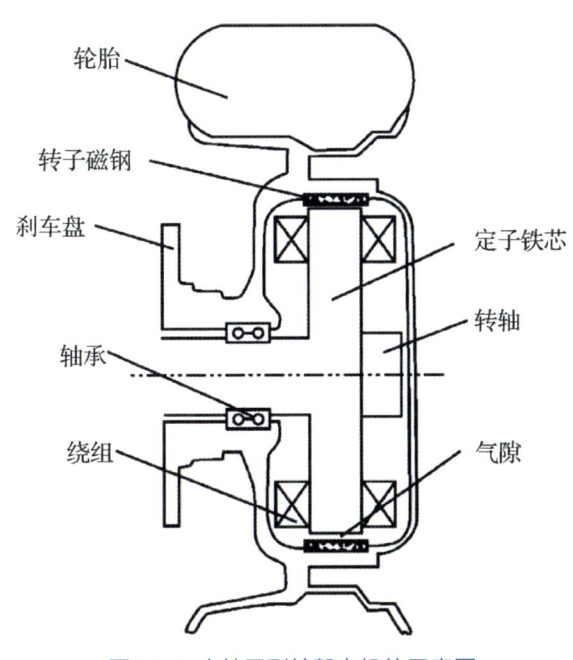

图 1-13 内转子型轮毂电机的示意图

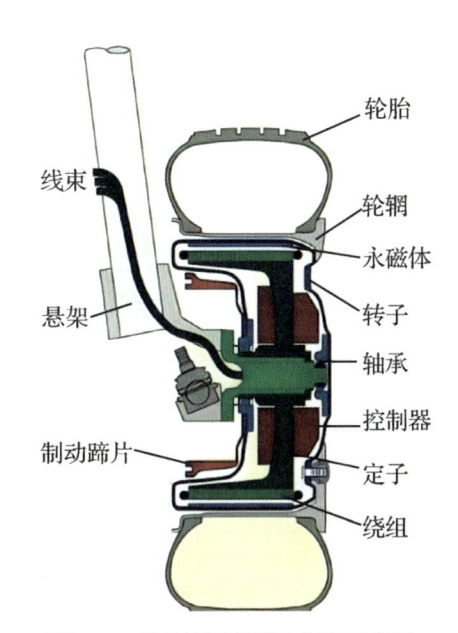

图 1-14 外转子型轮毂电机的示意图

1.8.3 轮毂电机的工作原理

轮毂电机的工作原理：电子转换器（开关电路）根据位置传感器信号，控制定子绕组通电顺序和时间，产生旋转磁场，驱动转子旋转。轮毂电机总成及控制系统属于汽车零部件，是电动汽车的关键核心部件。

学习单元 2

永磁同步电机的拆装与检测

情境引入

一辆纯电动汽车无法行驶，车间主管初步诊断结果为驱动电机故障，现让你对该驱动电机进行拆装与检测，请思考如何完成这项任务。

任务目标

知识目标

1. 能叙述永磁同步电机的基本结构及工作原理。
2. 能熟练进行永磁同步电机的拆装与检测。
3. 能够思路清晰地进行交流展示，说明自己的工作计划或成果。

技能目标

1. 能根据工作项目、工作内容，做好永磁同步电机相关资料的搜集和整理。
2. 能依据维修手册规范使用"永磁同步电机的拆装与检测"工作任务中用到的工具及检测设备，遵守安全使用原则，并完成实训工单的填写。

素质目标

1. 能够通过互联网、书籍（含车辆使用手册）等获取所需信息，既学到了专业知识，又融入了当今时代的发展潮流，将所学与当今国情相结合，在学习中接受思政教育，升华思想，了解国家的发展趋势。
2. 能够参照资料独立或多人合作完成一般的工作任务，培养科学严谨、勤于思考、勇于担当的精神。

3. 在使用新能源汽车的过程中，遵守注意事项，树立安全意识，从中积极培育和践行大国工匠精神，提升家国情怀。

思考与成长

大国工匠是中华民族大厦的基石、栋梁。在长期实践中形成的"执着专注、精益求精、一丝不苟、追求卓越"的工匠精神，是以爱国主义为核心的民族精神和以改革创新为核心的时代精神的生动体现，是中国共产党人精神谱系的重要组成部分，是鼓舞全党全国各族人民风雨无阻、勇敢前进的精神动力。强国建设、民族复兴需要大国工匠，大国工匠的培养造就需要工匠精神支撑和引领。培育和弘扬工匠精神是一项系统工程，需要拓展路径、多方协同，营造劳动光荣、技能宝贵、创造伟大的社会氛围。

知识解析

2.1 永磁同步电机概述

2.1.1 术语和定义

与传统的电励磁电机相比，永磁同步电机特别是稀土永磁同步电机具有体积小、质量轻、惯性小、响应快、高效率、高启动转矩、高功率因数，以及省电和运行可靠等显著优点。因而应用范围极为广泛，遍及航天、国防、工农生产和日常生活等领域。

永磁同步电机与感应电机相比，不需要无功励磁电流就可以显著提高功率因数（可达到1甚至达到容性），减小了定子电流和定子电阻损耗，进而可以因总损耗降低而减小风扇（小容量电机甚至可以去掉风扇）和相应的风磨损耗，从而使其效率比同规格感应电机提高 2%~8%。而且，永磁同步电机在 25%~120%的额定负载范围内可保持较高的效率和功率因数，使轻载运行时节能效果更为显著。

现阶段，交流异步电机主要是以特斯拉为首的美国车企和部分欧洲车企使用。一方面，这与特斯拉最初的技术路径选择有关，交流异步电机价格低廉，而偏大的体积对美式车型并无阻碍；另一方面，美国高速路网发达，交流异步电机的高速区间效率性能上佳。

在中国、日本等国家，新能源汽车驱动电机最广泛使用的是永磁同步电机。适合本国路况是主要因素，永磁同步电机在反复启停、加/减速时仍能保持较高效率，对高速路网受限的工况是最佳选择。此外，我国稀土储量丰富，日本稀土永磁产业有配套基础也是重要因素。目前，永磁同步电机在我国新能源汽车中的使用占比超过 90%。

日本的丰田、本田、东风日产等汽车公司基本上都采用永磁同步电机驱动系统，如丰田普锐斯、本田思域。因为在日本供应永磁同步电机使用的稀土磁铁的公司比较多，同时汽车大多以中低速行驶，所以采用加/减速时效率较高的永磁同步电机较为适宜。日本在发展混合动力汽车方面居世界领先地位，其中以丰田普锐斯最为著名。

使用永磁同步电机的部分车型与电机供应商如表 2-1 所示。

表 2-1 使用永磁同步电机的部分车型与电机供应商

车 型	电机类型	电机供应商
北汽 EV 系列	永磁同步电机	精进电机
上汽荣威	永磁同步电机	上海大郡、上海电驱动
比亚迪 e 系列	永磁同步电机	比亚迪
奇瑞 eQ	永磁同步电机	上海电驱动、浙江尤奈特
北汽福田	永磁同步电机	中车时代
丰田普锐斯	永磁同步电机	In-house
日产聆风	永磁同步电机	In-house

2.1.2 永磁同步电机的分类

1. 按励磁电流的供给方式分类

永磁同步电机利用永磁体建立励磁磁场，其定子产生旋转磁场，转子用永磁材料制成。永磁同步电机实现能量转换需要一个直流磁场，产生这个磁场的直流电流称为电机的励磁电流。

他励电机：从其他电源处获得励磁电流的电机。

自励电机：从电机本身获得励磁电流的电机。

2. 按供电频率分类

永磁同步电机按供电频率分为永磁无刷直流电机和永磁无刷交流电机两类，作为电机运行时均需要变频供电。前者只需要方波型逆变器供电，后者需要正弦波型逆变器供电。

3. 按气隙磁场分布分类

正弦波永磁同步电机：磁极为永磁材料，输入三相正弦波电流时，气隙磁场按正弦规律分布，简称永磁同步电机。

梯形波永磁同步电机：磁极为永磁材料，输入方波电流时，气隙磁场呈梯形波分布，性能更接近直流电机。由梯形波永磁同步电机构成的自控变频同步电机又称永磁无刷直流电机。

2.2 永磁同步电机的结构与工作原理

2.2.1 永磁同步电机的结构

永磁同步电机属于交流同步电机，其定子绕组与交流异步电机相同，采用叠片结构以降低电机运行时的损耗。转子旋转速度与定子绕组所产生的旋转磁场的速度一样，所以称为同步电机。同步电机的电流在相位上是超前于电压的,即同步电机是一个容性负载。

永磁同步电机主要由机壳、定子和转子组成。定子包括定子铁芯和定子绕组,如图 2-1 所示,定子绕组镶嵌在定子铁芯中,绕组的作用是通电时产生磁场,铁芯的作用是提高磁导率。永磁同步电机的定子结构与工作原理同交流异步电机一样,多为 4 极形式,单机绕组按 3 相 4 极布置,通电产生 4 极旋转磁场。

永磁同步电机与普通三相交流异步电机的转子结构不同,转子上安装有永磁体。永磁体外凸镶嵌在转子铁芯外侧,组成若干对磁极。一块永磁体有一个 N 极和一个 S 极。若干永磁体和铁芯共同构成了若干磁路,图 2-1 所示的永磁同步电机就是一个 4 极转子。

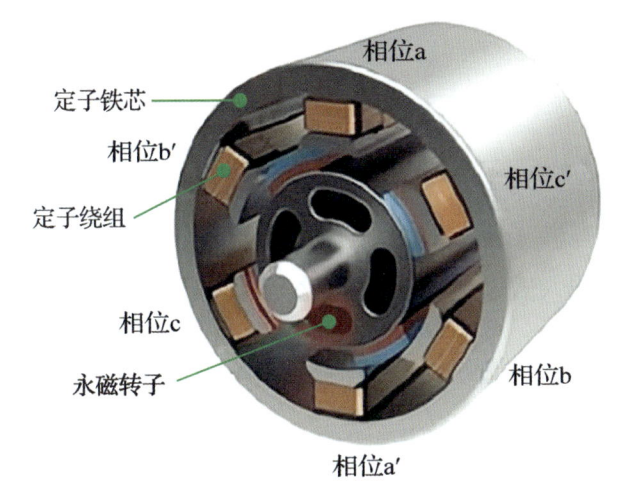

图 2-1 永磁同步电机的结构

电机绕组按 3 相 4 极布置,采用单层链式绕组,通电产生 4 极旋转磁场。有线圈绕组的定子如图 2-2 所示。

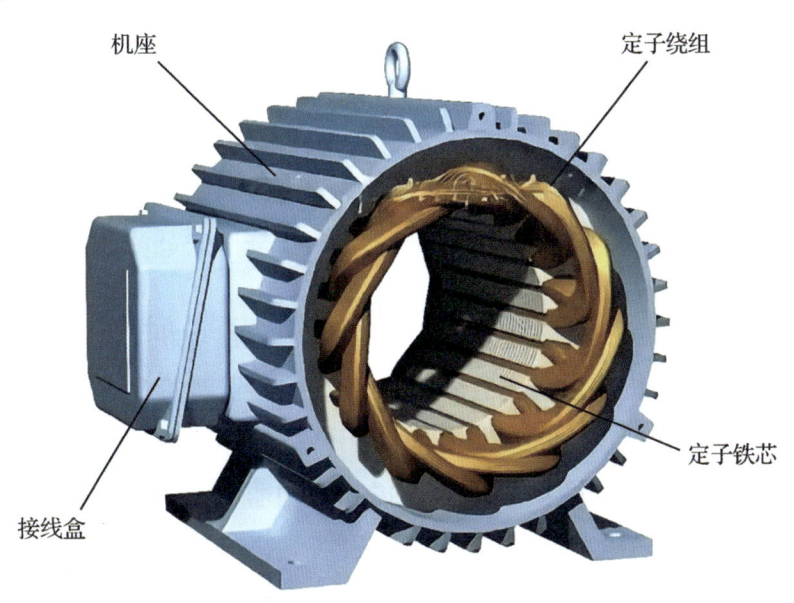

图 2-2 有线圈绕组的定子

将转子和转轴做成一体,两端用轴承安装在机壳上,转子前端安装有散热风扇随轴转动,在定子绕组通电产生的磁场吸引下，转子随定子产生的旋转磁场运转，如图 2-3 所示。

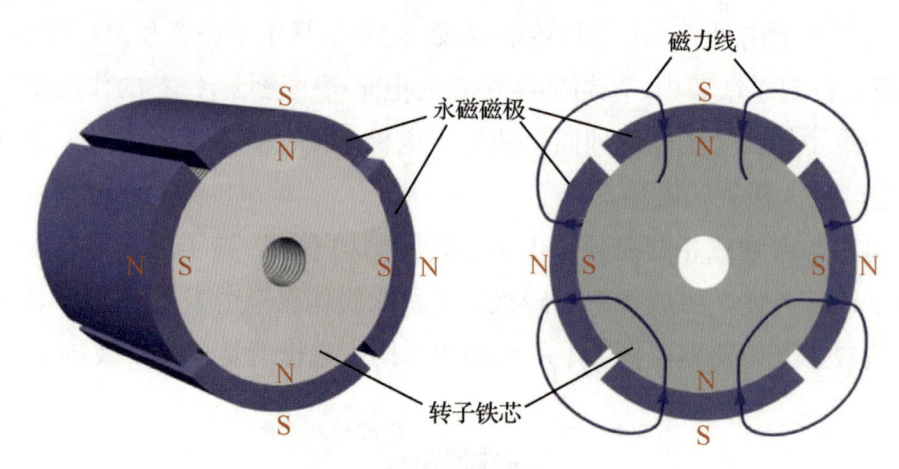

图 2-3 永磁同步电机的转子结构

永磁同步电机的定子结构与普通感应电机的结构相似，和异步电机的不同在于转子上放有高质量的永磁体。由于在转子上安放永磁体的位置有很多选择，所以永磁同步电机通常会被分为三大类：面贴式、插入式及内嵌式，如图 2-4 所示。

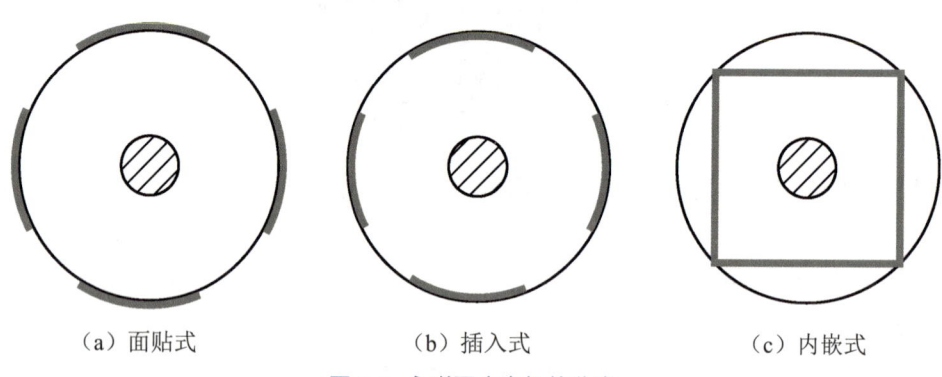

（a）面贴式　　　　（b）插入式　　　　（c）内嵌式

图 2-4 永磁同步电机的分类

2.2.2 永磁同步电机的工作原理

在电机系统中，电机的输出动作主要靠控制单元给定命令执行，即控制器输出命令。控制器主要将输入的直流电逆变成电压、频率可调的三相交流电，供给配套的三相交流永磁同步电机使用。

控制器输出频率和幅值可变的 U、V、W 三相交流电给电机形成旋转磁场，电机通过位置传感器将电机转子当前的位置发送给控制器，以供控制器进行参考控制，如图 2-5 所示。

旋转磁场与转子永磁体所产生的磁场相互作用产生转矩，拖动转子同步旋转。通过位置传感器实时读取转子磁铁位置，变换成电信号控制控制器中的逆变器功率器件开关，调节电流频率和相位，使定子和转子磁势保持稳定的位置关系，产生恒定的转矩，定子绕组中的电流大小由负载决定。定子绕组中三相电流的频率和相位随转子位置的变化而变化，使三相电流合成一个与转子同步的旋转磁场，通过电力电子器件构成的逆变电路的开关变化实现三相电流的换相，代替机械换向器。

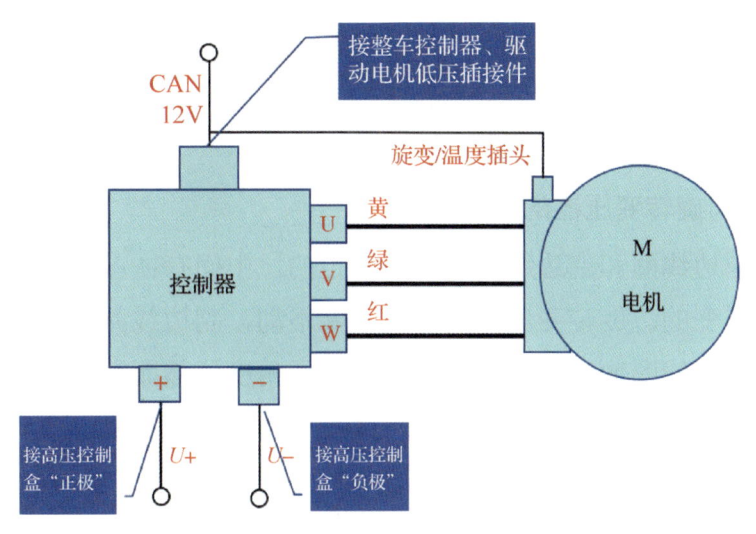

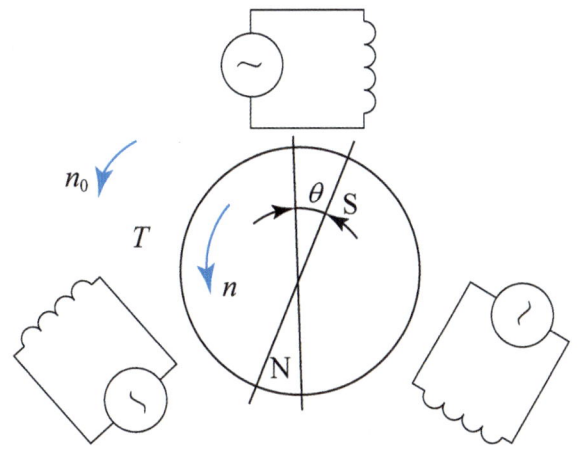

图 2-5 永磁同步电机与控制器

永磁同步电机的工作原理如图 2-6 所示,图中 n 为电机转速;n_0 为同步转速;T 为转矩;θ 为功率角。电机的转子是一个永磁体,N、S 极沿圆周方向交替排列。定子可以看作一个以速度 n_0 旋转的磁场。电机运行时,定子存在旋转磁动势,转子像磁针在旋转磁场中旋转一样,随着定子的旋转磁场同步旋转。永磁同步电机的转速可表示为

$$n = n_0 = \frac{60 f_s}{p_n}$$

式中,f_s 为电源频率;p_n 为电机极对数。永磁同步电机的定子是三相对称绕组,三相正弦波电压在三相对称绕组中产生对称三相正弦波电流,并在气旋中产生旋转磁场。旋转磁场与已充磁的磁极作用,带动转子与旋转磁场同步旋转,并使定子、转子磁场轴线对齐。当外加负载转矩以后,转子磁场轴线将落后定子磁场轴线一个功率角,负载越大,功率角也越大,直到一个极限角度,电机停止。由此可见,永磁同步电机在运行中,转速必须与频率严格成比例旋转,否则会失步停转,因此它的转速与旋转磁场同步,其静态误差为零。在负载扰动下,只是功率角变化,而不引起转速变化,它的响应时间是实时的。

图 2-6 永磁同步电机的工作原理

2.3 旋转变压器

2.3.1 旋转变压器的工作原理

1. 普通变压器与旋转变压器的区别

普通变压器的原边线圈和副边线圈是相对固定的，中间有铁芯进行电磁交变，所以输出与输入的电压比是不变的。旋转变压器的原边线圈不动，副边线圈随转子旋转，当转子的转角位置改变时，其副边线圈输出电压的大小会随转子角度位移而发生变化。若输出绕组的电压幅值与转子转角呈正弦或余弦的函数关系，或者保持某比例关系，或者呈线性关系，则构成 3 种不同类型的旋转变压器。

2. 磁阻式旋转变压器的特点

新能源汽车驱动电机多使用磁阻式旋转变压器，它是旋转变压器的一种特殊形式，利用磁阻原理来实现电信号间的转换。其特点是原边线圈与副边线圈都放在电机定子的不同槽内，且均固定不旋转。原边线圈属于励磁线圈，通入正弦励磁电流，而副边线圈由两相线圈产生输出信号。磁阻式旋转变压器的示意图如图 2-7 所示。

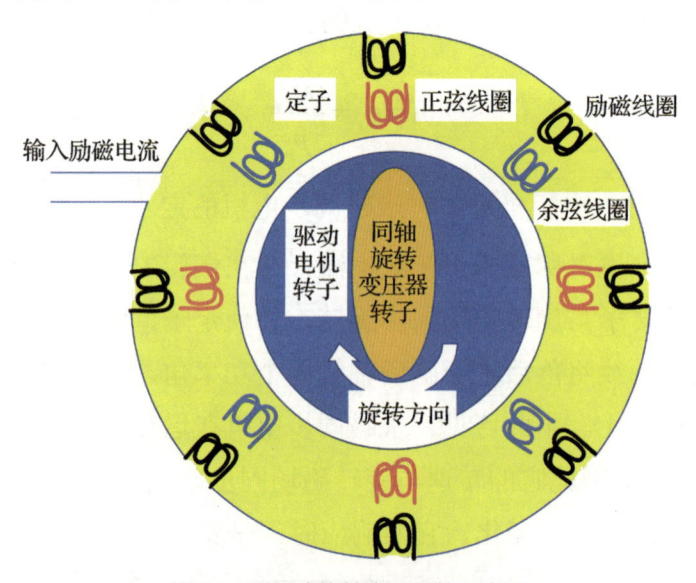

图 2-7 磁阻式旋转变压器的示意图

旋转变压器的定子和转子铁芯由铁镍软磁合金或冲有槽孔的硅钢片叠成。转子不用永磁材料制成，由驱动同步电机的永磁转子同轴带动旋转。转子在旋转时通过磁阻原理在副边的两相线圈上分别感应出正弦信号和余弦信号，故称为正弦线圈和余弦线圈，产生彼此相差 90° 的电角度信号。

磁阻式旋转变压器的转子采取多磁极形状，磁极的外形应符合能感应正弦信号的特殊要求，因此磁场气隙应近似于正弦波的形状，如图 2-8 所示。利用气隙和磁阻的变化使输出绕组的感应电压随机械转角做相应正弦或余弦的变化，同时转子必须满足多磁极的要求，旋转变压器的定子与转子的磁极数不相同，定子磁极数比转子磁极数多。

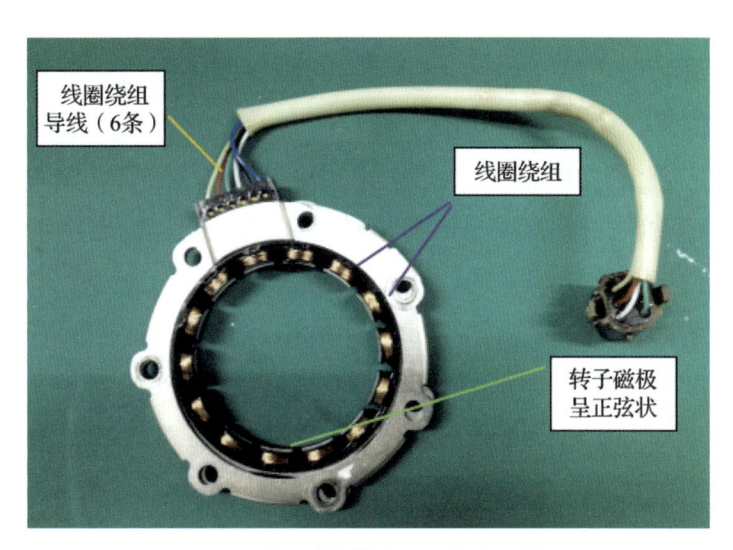

图 2-8 磁阻式旋转变压器的转子磁极

3. 磁阻式旋转变压器的三个线圈

磁阻式旋转变压器有三个线圈：一个激磁线圈、两个正交的感应线圈，对外共有 6 条引线，如图 2-9 所示。激磁线圈接受输入的正弦型激励电流，激磁频率通常有 400Hz、3000Hz 及 5000Hz 等。

两个正交的感应线圈，依据旋转变压器的转子、定子的相互位置关系，调制出具有正弦和余弦包络的检测信号。如果激励信号是 sinωt，转子与定子间的角度为 θ，则正弦信号为 sinωt×sinθ，余弦信号为 sinωt×cosθ。根据正弦、余弦信号和原始的激磁信号，通过检测和比较电路可高分辨率地检测出转子位置。

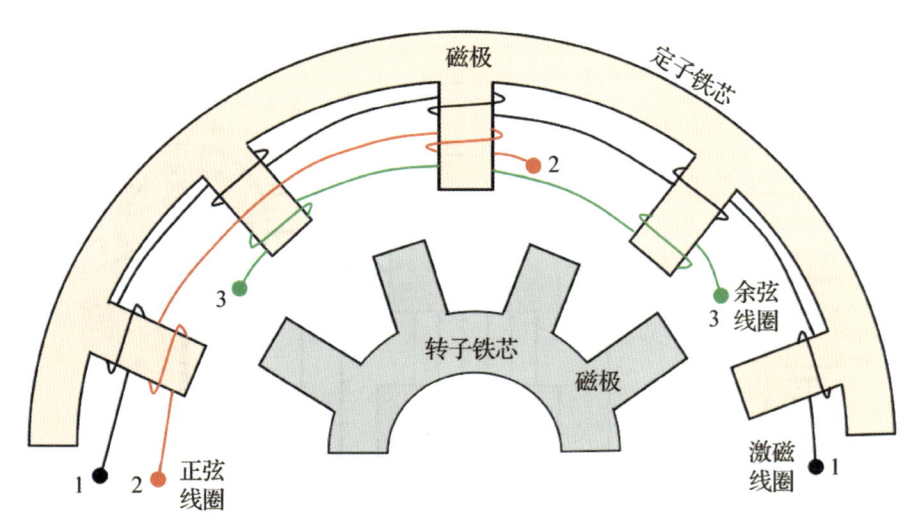

图 2-9 磁阻式旋转变压器的三个线圈

4. 磁阻式旋转变压器的结构

磁阻式旋转变压器的三个线圈如图 2-9 所示，其中转子齿为 4 个，定子齿为 5 个。激磁线圈、正弦线圈和余弦线圈均安置在定子槽内，激磁线圈 1-1 是逐个磁极反向串联的输入绕组，而正弦线圈 2-2 及余弦线圈 3-3，则是以两个磁极为间隔，反向串联的输出绕组。

当转子相对定子旋转时，定子、转子间气隙的磁导发生变化，每转过一个转子齿距，气隙的磁导就变化一个周期。

当转子转过一圈时，变化出与转子齿相同的多个周期。气隙磁导的变化导致输入和输出绕组之间互感的变化，输出绕组感应的电势也随之发生变化。输出绕组按正弦及余弦规律变化来判断转子的瞬时位置及旋转的方向。

磁阻式旋转变压器结构简单、占用空间尺寸极小，且激磁线圈、正弦线圈和余弦线圈均固定安装在定子上，图 2-9 所示为正弦线圈与余弦线圈的接线示意图。它采取无刷式结构，大大提高了系统的可靠性，其检测角位移精度极高，可精确到"秒"。此外，磁阻式旋转变压器的抗干扰能力较好，更适合车辆对电机驱动的多种要求。

2.3.2 旋转变压器的作用

新能源汽车驱动电机现多为永磁同步电机，其中，位置传感器的作用重大，它通常被用于检测电机转子旋转瞬间的准确位置，涉及驱动电机的供电系统。电动汽车上只有直流电源，驱动电机使用的却是三相交流电，中间需要用一个变频器将动力电池的高压直流电转变成三相交流电向永磁同步电机供电，以适应车辆驱动的不同需要。

其中，变频器由车辆驱动系统的电机控制单元（Motor Control Unit，MCU）控制，通过 6 个绝缘栅双极型晶体管（Insulated Gate Bipolar Transistor，IGBT）的驱动控制电路，控制三相交流电的频率及次序，以改变驱动电机的转速和转向，所以驱动控制电路是变频器的核心。在输入 MCU 的多种信号中，负责精准检测驱动电机转子旋转位置的信号十分重要，在当前的驱动电机中，常采用磁阻式旋转变压器作为位置传感器，电动汽车上的驱动控制电路如图 2-10 所示。

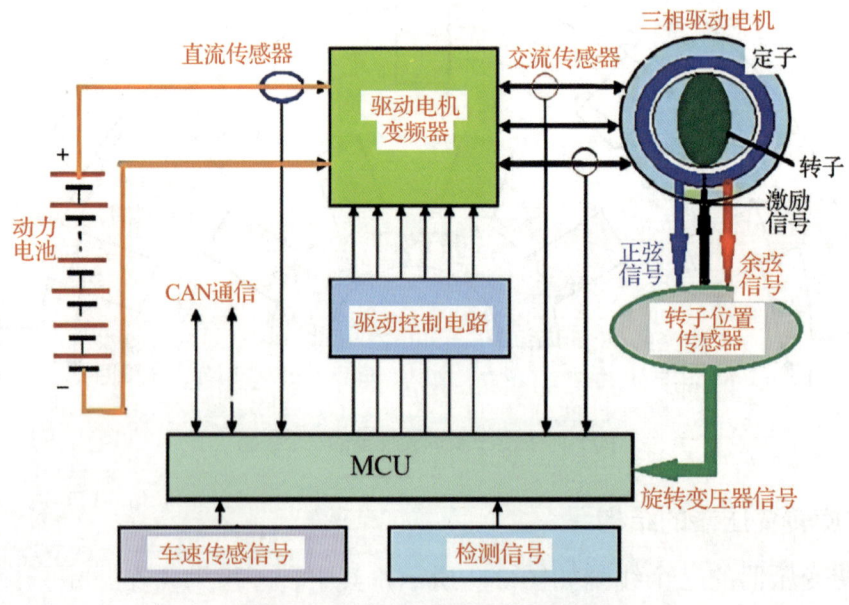

图 2-10 电动汽车上的驱动控制电路

旋转变压器常被称作转子位置传感器或同步分解器，它是一种电磁式传感器，汽修行业工作者常常称它为"旋变"。旋转变压器实际上是一种特殊的小型交流电机，可用来精确检测电机转子的角位移和角速度。它由定子和转子组成，其定子由高性能硅钢片叠成，其上有绕组作为旋转变压器的原边线圈接收励磁电压，转子绕组作为旋转变压器的副边线圈，通过电磁耦合在副边线圈上产生感应电压。

2.4 永磁同步电机的检测

2.4.1 技术要求

国家标准 GB/T 18488—2024《电动汽车用驱动电机系统》对驱动电机的部分要求有以下几项。

1．一般要求

驱动电机应空转灵活，无异常响声（如定转子相互摩擦、周期性的异响、轴承受损后的异响、微小异物卡滞在转动部位引起的异响等）或卡滞等现象。

2．外观

（1）驱动电机系统外表面应无明显的破损、变形，涂覆层应无剥落。
（2）若安装铭牌，驱动电机系统铭牌安装应端正牢固，字迹清晰。
（3）驱动电机系统引出线或接线端应完整无损，紧固件连接应无松脱。
（4）驱动电机与驱动电机控制器应满足（1）~（3）的要求。

3．液冷系统冷却回路密封性能

（1）具有液冷系统的驱动电机系统的冷却回路，应能承受不低于 200kPa 的压力。
（2）对于冷却回路和腔体内部连通的驱动电机系统，应满足产品技术条件规定并在报告中注明。
（3）对于驱动电机系统冷却回路有过渡接头的，可分别测量或满足产品技术条件规定并在报告中注明。

4．绝缘电阻

（1）直流母线电压为 B 级电压的分体式驱动电机系统，绝缘电阻应满足附录 B 的要求。
（2）直流母线电压为 B 级电压的集成式驱动电机系统，直流端动力端子与外壳、直流端动力端子与信号端子之间的绝缘电阻均不应小于 1MΩ。

注：驱动电机控制器信号地与外壳短接时，只需进行直流端动力端子与外壳间的绝缘电阻测试。

2.4.2 试验方法

根据以上要求及国家标准 GB/T 18488—2024《电动汽车用驱动电机系统》，如无特殊规定，所有试验应在下列环境条件下进行：温度为 18~28℃；相对湿度为 10%~90%；气压为

86～106kPa。

1. 外观检查

通过目测、触摸的方式进行外观检查。

2. 液冷系统冷却回路密封性能试验

(1) 对于分体式驱动电机系统，宜将驱动电机和驱动电机控制器的冷却回路分开后单独测量。

(2) 试验前，不应对驱动电机系统表面涂覆可以防止渗漏的涂层，可进行无密封作用的化学防腐处理。

(3) 试验时，试验介质的温度应和试验环境的温度一致并保持稳定。

(4) 试验使用的介质可以是气体或液体，气体介质宜选用干燥、干净且不含油分的压缩空气等非有害气体，液体介质宜选用含防锈剂的水、煤油或黏度不高于水的非腐蚀性液体。

(5) 使用气体介质试验时，需将回路中液体吹出并烘干，将被试样品冷却回路的一端堵住，但不能产生影响密封性能的变形，向回路中充入2.4.1节第3点规定的压力试验介质，升压时间不大于15s，保压（平衡）时间不少于1min，与气源断开后，1min内压力下降不应大于300Pa。

(6) 使用液体介质试验时，需要将冷却回路腔内的空气排净，试验方法按照产品技术文件执行。

(7) 试验结束后，降低试验介质压力至试验前水平。

3. 绝缘电阻试验

(1) 测量时被试样品的状态。

试验在被测样品实际冷状态（被测样品处于不工作状态，在标准环境条件下放置时间超过12h）或5.4规定的环境试验后的热状态下进行，且被测样品的状态与产品实际使用状态一致。

(2) 试验电压的选择。

应根据被测样品的直流母线端最高工作电压按照表2-2选择试验电压。

表2-2 绝缘电阻试验电压　　　　　　　　　　　　　　单位为伏特

最高工作电压（U）	试验电压
$U \leq 250$	250
$250 < U \leq 500$	500
$500 < U \leq 1000$	1000
$U > 1000$	符合产品技术条件规定且不低于最高工作电压

(3) 分体式驱动电机系统的绝缘电阻试验。

分体式驱动电机系统的绝缘电阻试验应按照B.1.1进行。

（4）集成式驱动电机系统的绝缘电阻试验。

① 试验前，控制器与外部供电电源以及负载宜分开。

② 试验时，参与试验的信号端子应短接，不参加试验的部分应连接接地。分别测量系统直流母线端子与外壳、直流母线端子与信号端子之间的绝缘电阻。

③ 测量结束后，每个回路应对接地的部分作电气连接使其放电。

2.4.3 比亚迪 e5 驱动电机的检测

比亚迪 e5 驱动电机的主要检测项目如表 2-3 所示。

表 2-3 比亚迪 e5 驱动电机的主要检测项目

检测项目	要　　求
检查驱动电机外观标识	①检查并记录电机外观的实际情况； ②检查并记录电机铭牌信息； ③转动手柄进行空转检查并记录
检查驱动电机冷却密封回路	①检查冷却密封回路； ②安装（加气时不能漏气）冷却密封仪和堵头； ③用压缩空气加压 200kPa，保持 15min 不下降，表现密封良好
测量冷态绝缘电阻	测量并记录冷态绝缘电阻
测量绕组	①用接地电阻表的电阻挡测量并记录绕组短路情况； ②用数字万用表的交流电压挡测量并记录绕组断路情况（转动手柄的同时观察万用表是否有数据显示）
测量旋变传感器	用数字万用表的电阻挡测量并记录旋变传感器各阻值
测量温度传感器	用数字万用表的电阻挡测量并记录温度传感器各阻值

根据以上检测项目完成作业，并将结果记录在表 2-4 中。

表 2-4 记录结果

序号	测试项目	技术要求	结　果
1	外观	电机表面不应有锈蚀、碰伤、划痕，涂覆层不应有剥落，紧固件连接牢固，接线端完整无损	
2	标识	电机铭牌标识清楚，字迹清晰	
		工作电压	
		最大功率	
		最高转速	
		防护等级	
		绝缘等级	
		型号	
		最大转矩	
3	空转检查	无定子、转子相擦或异响	
4	冷却密封回路密封性	标准要求：不低于 200kPa，保压 15min，无泄漏	

续表

序号	测试项目	技术要求		结 果	
5	冷态绝缘电阻检测	兆欧表电压等级：1000V			
		标准要求：≥20MΩ		U-壳	
				V-壳	
				W-壳	
		兆欧表电压等级：1000V			
		标准要求：≥20MΩ		U-温度传感器	
				V-温度传感器	
				W-温度传感器	
6	绕组短路检测	测试条件：使用接地电阻表进行绕组间的阻值测量		U-V	
				V-W	
				W-U	
7	绕组断路检测	测试条件：使用专用工具转动电机，通过数字万用表测量电机绕组间的电压		U-V	
				V-W	
				W-U	
8	旋变传感器绕组阻值检测	标准要求：(12.5±2)Ω		正弦	
		标准要求：(12.5±2)Ω		余弦	
		标准要求：(6.5±2)Ω		激磁	
9	温度传感器阻值检测	标准要求：在 10~40℃ 温度下，阻值为 50.04~212.5kΩ			

工作任务1　比亚迪e5永磁同步电机的拆装与检测

总目标：在学习理论知识的基础上，根据任务要求进行动手实践，熟练进行比亚迪 e5 永磁同步电机的拆装与检测	
内　容	操　作
（一）准备	
开始作业前，准备好驱动电机台架（以比亚迪e5永磁同步电机为例）及其相关技术资料。工具箱和防护用品柜内需要有足够的专用维修工具和各类防护用具	1. 劳动保护 ①穿好实训服； ②穿好劳保鞋； ③检查并佩戴工作手套； ④检查专用维修工具和各类防护用具。 2. 台架及操作台防护 ①检查并锁死台架车轮； ②检查并确保台架无松动、摇晃情况； ③检查操作台
（二）明确实训内容	
学生工作	①在各自工位上分组学习； ②在充分学习本项目相关知识的基础上，通过查阅相关技术资料和对驱动电机的拆装与检测，完成实训工单（见本书配套教学资源）； ③7S（整理、整顿、清洁、清扫、素养、安全、节约）要求； ④自我评价

续表

内　容	操　作
（二）明确实训内容	
指导教师工作	学生在进行上述操作的过程中，指导教师进行下列工作。 ①向学生讲解安全注意事项，并要求学生在实训工单中做记录； ②观察、指导学生进行相关操作，及时制止可能发生危险的操作； ③实操结束后审阅学生完成的实训工单，并结合其操作情况给出评价

操作练习1　比亚迪e5永磁同步电机的拆装与检测

内　容	操作及数据记录	参考结果
（一）准备			

开始作业前，准备好驱动电机台架（以比亚迪 e5 永磁同步电机为例）及其相关技术资料。工具箱和防护用品柜内需要有足够的专用维修工具和各类防护用具。

1. 劳动保护
①穿好实训服；
②穿好劳保鞋；
③检查并佩戴工作手套；
④检查专用维修工具和各类防护用具。

2. 台架及操作台防护
①检查并锁死台架车轮；
②检查并确保台架无松动、摇晃情况；
③检查操作台

（二）实训内容		
步骤一：驱动电机的拆解		
拆下驱动电机总成	首先，从台架上拆下驱动电机总成的固定螺栓；并把驱动电机总成抬到操作台上进行拆解操作。 注意：驱动电机总成重达 65kg，操作之前务必做好安全防护工作，佩戴好手套，穿好劳保鞋；操作时务必三人以上同时配合操作	
拆下驱动电机三相线束接线盒盖	分别拆下驱动电机三相线束接线盒盖上的 4 颗螺栓（8mm），并取下接线盒盖	

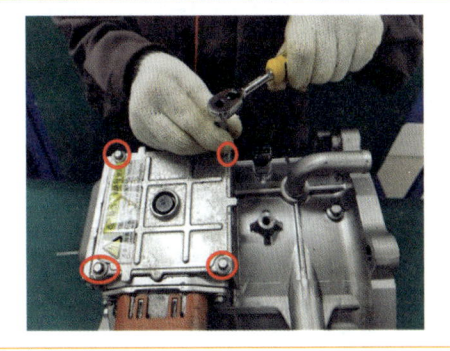

续表

内　容	操作及数据记录	参考结果
（二）实训内容			
步骤一：驱动电机的拆解			
拆下三相线束端子固定螺栓	拆下三相线束端子与电机内的 3 颗连接螺栓（8mm）； 拆下三相线束端子与电机外的 2 颗固定螺栓（8mm）	
取下三相线束	如右图所示，取下三相线束放置在一旁。 注意：取的过程中要小心，切勿损伤电机外壳	
拆下旋变传感器和温度传感器（1）	拆下旋变传感器和温度传感器的 2 颗固定螺栓（8mm）	
拆下旋变传感器和温度传感器（2）	利用尖嘴钳、一字螺丝刀、毛巾等工具辅助，分别拔出旋变传感器和温度传感器。 注意：切勿损伤电机外壳和传感器	

034

续表

内　容	操作及数据记录	参考结果
（二）实训内容			
步骤一：驱动电机的拆解			
拆下旋变传感器和温度传感器（3）	分别拔开旋变传感器和温度传感器的连接头	
拆下驱动电机后端盖（1）	拆下驱动电机后端盖上的 15 颗连接螺栓（10mm）	
拆下驱动电机后端盖（2）	拆下 15 颗连接螺栓后，如右图所示，使用一字螺丝刀和毛巾等工具两端均匀用力撬起后端盖。 注意：因为后端盖与电机外壳是用密封胶连接的，所以需要先使用橡胶锤向外均匀敲击，使后端盖与电机外壳之间松动，方可撬起	
拆下驱动电机后端盖（3）	如右图所示，将驱动电机后端盖拆下来	

035

续表

内　容	操作及数据记录	参考结果
（二）实训内容			
步骤一：驱动电机的拆解			
拆下旋变传感器	拆下旋变传感器连接后端盖的 3 颗螺栓（8mm），以及旋变传感器线束的1颗固定螺栓（7mm），拆下旋变传感器	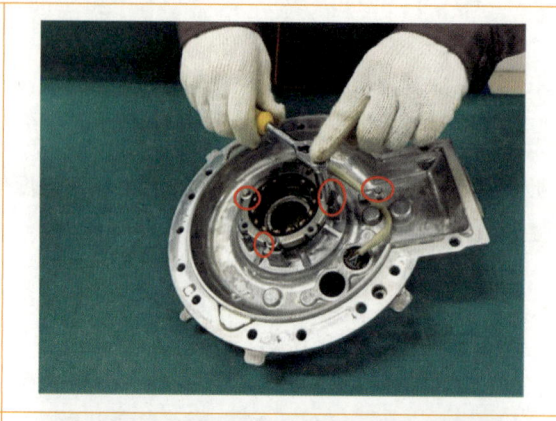
拆下驱动电机转子（1）	使用扭力扳手配合专用拉马，在前端盖将转子顶出。 注意：因电机和拉马型号较大，需要两人配合完成；因电机体积和质量较大，操作前下方应垫好毛巾，以免损伤操作台和电机	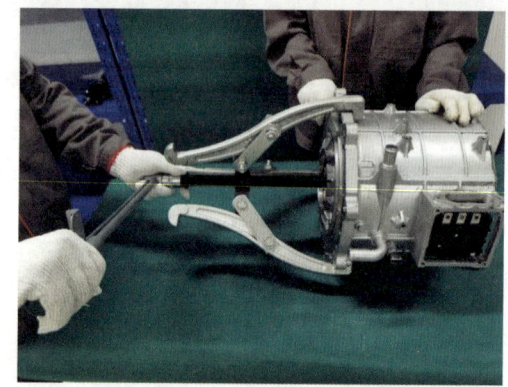
拆下驱动电机转子（2）	如右图所示,当转子大约顶出三分之一时,应有一人及时佩戴手套扶住转子，同时操作台上应垫好毛巾。 注意：因转子是永磁体，应避免在顶出过程中转子与定子产生作用力与反作用力，导致转子突然弹出，损伤操作台或转子表面	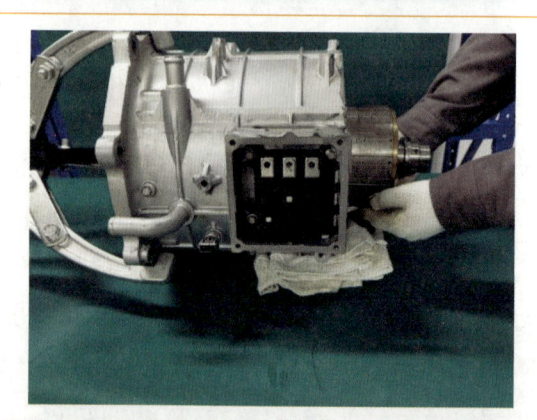
拆下驱动电机转子（3）	如右图所示，将驱动电机转子拆下来	

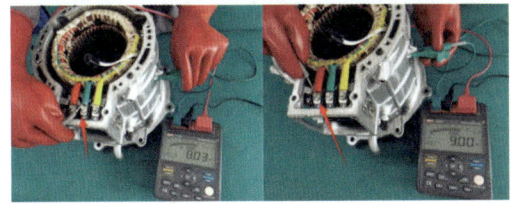

续表

内　　容	操作及数据记录	参考结果
（二）实训内容			

步骤一：驱动电机的拆解		
驱动电机的拆解零部件展示	如右图所示，驱动电机拆解完成之后所有零部件排序摆放，方便下一步进行检测并记录	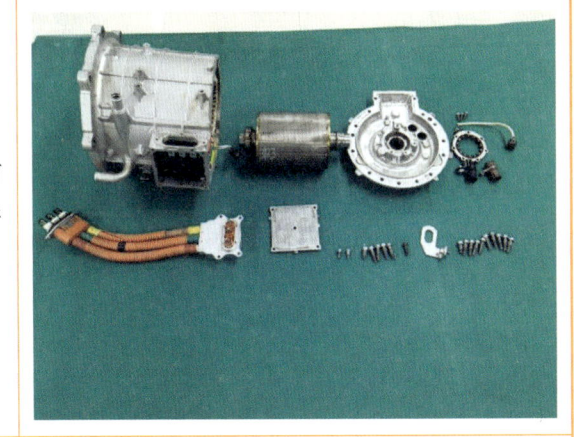

步骤二：驱动电机的检测		
冷态绝缘电阻检测（温度传感器与三相线束）	分别对温度传感器与三相线束进行冷态绝缘电阻检测： ①U-温度传感器； ②V-温度传感器； ③W-温度传感器。 注意：佩戴绝缘手套，做好安全防护措施；兆欧表电压等级为1000V；标准要求为≥20MΩ	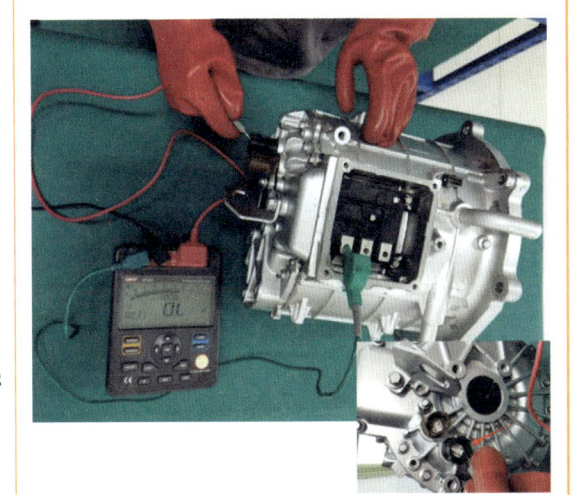
冷态绝缘电阻检测（三相线束与外壳）	分别对三相线束与外壳进行冷态绝缘电阻检测： ①U-外壳； ②V-外壳； ③W-外壳。 注意：佩戴绝缘手套，做好安全防护措施；兆欧表电压等级为1000V；标准要求为≥20MΩ	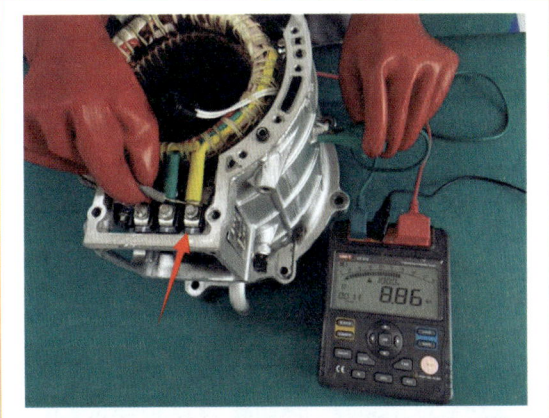

037

续表

内　容	操作及数据记录	参考结果
（二）实训内容			
步骤二：驱动电机的检测			
绕组短路检测	使用接地电阻表进行绕组间的阻值测量，如右图所示： ①U-V； ②V-W； ③W-U。 注意：佩戴绝缘手套，做好安全防护措施	
绕组断路检测	使用专用工具（摇把）转动电机，通过数字万用表测量绕组间的电压，如右图所示： ①U-V； ②V-W； ③W-U。 注意：佩戴手套，做好安全防护措施；此项检测需要两人配合同时进行，一人负责使用摇把转动电机，另一人负责使用数字万用表进行电压测量	

续表

内　　容	操作及数据记录	参考结果
（二）实训内容			
步骤二：驱动电机的检测			
旋变传感器绕组阻值检测（正弦）	测试条件：使用数字万用表测量旋变传感器绕组阻值（正弦），如右图所示。 标准要求：(12.5±2)Ω。 注意：正弦值和余弦值基本一致，励磁值为前者的一半	
旋变传感器绕组阻值检测（余弦）	测试条件：使用数字万用表测量旋变传感器绕组阻值（余弦），如右图所示。 标准要求：(12.5±2)Ω。 注意：正弦值和余弦值基本一致，励磁值为前者的一半	
旋变传感器绕组阻值检测（励磁）	测试条件：使用数字万用表测量旋变传感器绕组阻值（励磁），如右图所示。 标准要求：(6.5±2)Ω。 注意：正弦值和余弦值基本一致，励磁值为前者的一半	
温度传感器阻值检测	测试条件：使用数字万用表测量温度传感器阻值，如右图所示。 标准要求：在 10～40℃温度下，阻值为 50.04～212.5kΩ	

续表

内　容	操作及数据记录	参考结果
\(二\)实训内容			

步骤二：驱动电机的检测

内　容	操作及数据记录	参考结果
转子外观与磁性检测	检查转子外观有无锈蚀、碰伤、划痕等； 如右图所示，使用金属（如开口扳手）与转子外表面相接触，检查转子磁性是否良好。 注意：使用的金属与转子外表面相接触前，务必保证金属干净无污渍	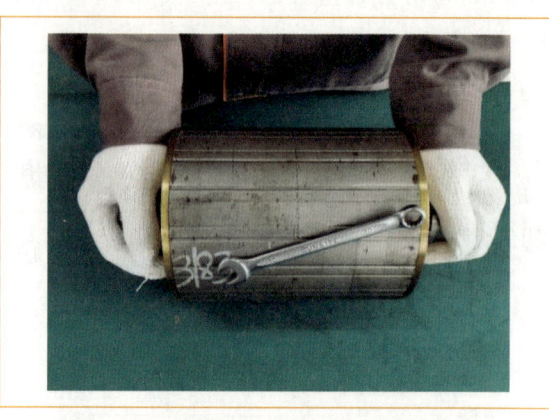

步骤三：驱动电机的安装

内　容	操作及数据记录	参考结果
安装驱动电机转子	如右图所示，对驱动电机进行检测或维修后安装驱动电机转子。 注意：因转子为永磁体，吸附力较强，所以在安装过程中，务必佩戴干净的手套两人配合同时操作，以免误伤手	
安装旋变传感器	安装旋变传感器连接后端盖的 3 颗螺栓（8mm），以及旋变传感器线束的 1 颗固定螺栓（7mm）	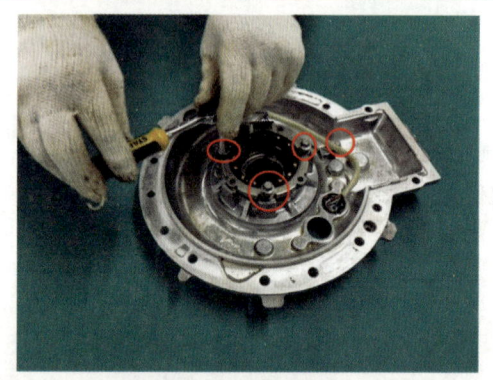
安装驱动电机后端盖	如右图所示，在后端盖与外壳的连接处涂上密封胶，盖上后端盖，使用橡胶锤均匀用力敲击，使后端盖与外壳紧密贴合，安装 15 颗连接螺栓（10mm）。 注意：安装后端盖时，及时露出旋变传感器和温度传感器的位置，以免在安装过程中损坏旋变传感器和温度传感器	

续表

内　　容	操作及数据记录	参考结果
（二）实训内容		
步骤三：驱动电机的安装		
安装旋变传感器和温度传感器	分别安装旋变传感器和温度传感器的连接头； 安装旋变传感器和温度传感器的 2 颗固定螺栓（8mm）	
安装三相线束	安装三相线束端子与电机内的 3 颗连接螺栓（8mm）； 安装三相线束与电机外的 2 颗固定螺栓（8mm）	
安装驱动电机三相线束接线盒盖	安装驱动电机三相线束接线盒盖上的 4 颗螺栓（8mm）	
（三）整理场地		

1. 检查车辆、工具、设备是否恢复原位；2. 检查场地是否被清理并保持清洁

工作任务2　宝骏E100永磁同步电机的拆装与检测

内　容	操　作
\(一\)准备	
开始作业前，准备好驱动电机台架（以宝骏E100永磁同步电机为例）及其相关技术资料。工具箱和防护用品柜内需要有足够的专用维修工具和各类防护用具	1. 劳动保护 ①穿好实训服； ②穿好劳保鞋； ③检查并佩戴工作手套； ④检查专用维修工具和各类防护用具。 2. 台架及操作台防护 ①检查并锁死台架车轮； ②检查并确保台架无松动、摇晃情况； ③检查操作台
\(二\)明确实训内容	
学生工作	①在各自工位上分组学习； ②在充分学习本项目相关知识的基础上，能查阅相关技术资料和对驱动电机的拆装与检测，完成实训工单（见本书配套教学资源）； ③7S（整理、整顿、清洁、清扫、素养、安全、节约）要求； ④自我评价
指导教师工作	学生在进行上述操作的过程中，指导教师进行下列工作。 ①向学生讲解安全注意事项，并要求学生在实训工单中做记录； ②观察、指导学生进行相关操作，及时制止可能发生危险的操作； ③实操结束后审阅学生完成的实训工单，并结合其操作情况给出评价

总目标：在学习理论知识的基础上，根据任务要求进行动手实践，熟练进行宝骏E100永磁同步电机的拆装与检测

操作练习2　宝骏E100永磁同步电机的拆装与检测

内　容	操作及数据记录	参考结果
\(一\)准备		

开始作业前，准备好驱动电机台架（以宝骏E100永磁同步电机为例）及其相关技术资料。工具箱和防护用品柜内需要有足够的专用维修工具和各类防护用具。

1. 劳动保护
①穿好实训服；
②穿好劳保鞋；
③检查并佩戴工作手套；
④检查专用维修工具和各类防护用具。

2. 台架及操作台防护
①检查并锁死台架车轮；
②检查并确保台架无松动、摇晃情况；
③检查操作台

续表

内　容	操作及数据记录	参考结果
（二）实训内容			
步骤一：驱动电机的拆解			
拆下驱动电机总成	拆下连接减速器与驱动电机的 4 颗螺栓（14mm），分解驱动电机和减速器，如右图所示	
拆下驱动电机三相线束接线盒盖	拆下驱动电机三相线束接线盒盖上的 4 颗螺栓（8mm），并取下接线盒盖	
拆下三相线束	拆下三相线束与电机内的 3 颗连接螺栓（12mm）； 拆下三相线束与电机外的 3 颗固定螺栓（25mm）	
断开旋变传感器和温度传感器的线束插头	如右图所示，断开旋变传感器和温度传感器的线束插头	

043

续表

内　容	操作及数据记录	参考结果
（二）实训内容			
步骤一：驱动电机的拆解			
拆下接线柱盖板和旋变传感器	首先拆下接线柱盖板的 4 颗螺栓（内六角 4mm），接着拆下旋变传感器的 3 颗连接螺栓（8mm）。 如右图所示，将旋变传感器拆下来	
断开驱动电机搭铁线，取出转子卡环与碳刷组件	首先拆下驱动电机搭铁线的 1 颗连接螺栓（内六角 4mm），接着拆下碳刷组件的 1 颗固定螺栓（内六角 3mm），最后用卡环钳取下转子卡环 如右图所示，将转子卡环和碳刷组件拆下来	

新能源汽车驱动电机控制技术

续表

内　容	操作及数据记录	参考结果
（二）实训内容			
步骤一：驱动电机的拆解			
拆下驱动电机前端盖	如右图所示，首先拆下驱动电机前端盖的4颗螺栓（内六角6mm），接着用一字螺丝刀均匀用力撬起前端盖。 注意：用一字螺丝刀均匀用力撬起前端盖时，务必用干净的毛巾垫着，以免划伤或撬坏电机外壳	
拆下驱动电机转子	如右图所示，使用棘轮扳手配合专用拉马，在驱动电机后端盖将驱动电机转子顶出。 注意：因转子是永磁体，应避免在顶出过程中转子与定子产生作用力与反作用力，导致转子突然弹出，伤到手、操作台或转子表面，需要两人配合完成	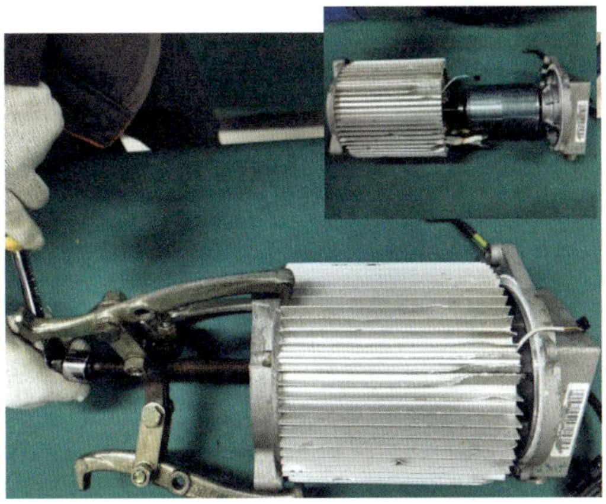
分解转子与前端盖	如右图所示，因前端盖与转子轴承之间是紧密贴合的，故需要用专用拉马分解转子与前端盖	

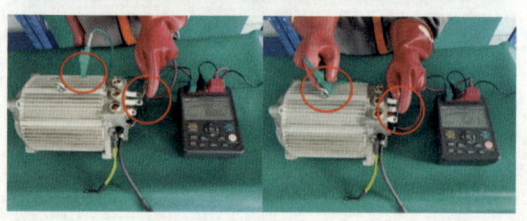

续表

内　容	操作及数据记录	参考结果
（二）实训内容		
步骤一：驱动电机的拆解		
驱动电机的拆解零部件展示	如右图所示，驱动电机拆解完成之后所有零部件排序摆放，方便下一步进行检测并记录	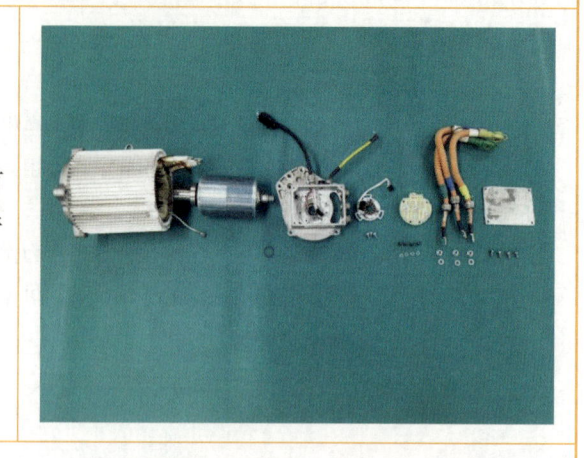
步骤二：驱动电机的检测		
冷态绝缘电阻检测（温度传感器与三相线束）	分别对温度传感器与三相线束之间进行冷态绝缘电阻检测： ①U-温度传感器 ②V-温度传感器 ③W-温度传感器 注意：佩戴绝缘手套，做好安全防护措施；兆欧表电压等级为1000V；标准要求为≥20MΩ	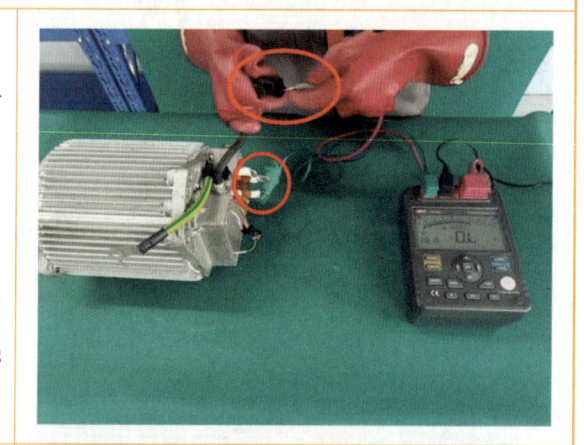
冷态绝缘电阻检测（三相线束与外壳）	分别对三相线束与外壳进行冷态绝缘电阻检测： ①U-外壳； ②V-外壳； ③W-外壳。 注意：佩戴绝缘手套，做好安全防护措施；兆欧表电压等级为1000V；标准要求为≥20MΩ	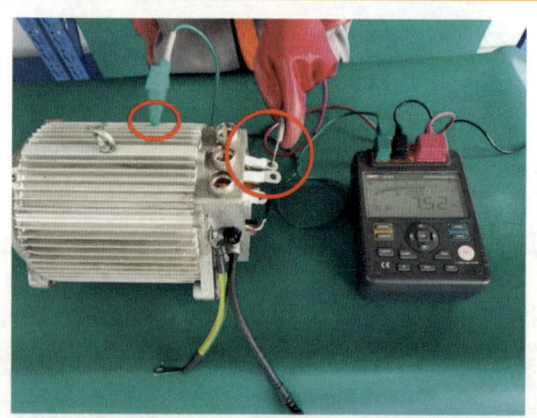

续表

内　　容	操作及数据记录	参考结果
（二）实训内容		
步骤二：驱动电机的检测		
绕组短路检测	使用接地电阻表进行绕组间的阻值测量，如右图所示： ①U-V； ②V-W； ③W-U。 注意：佩戴绝缘手套，做好安全防护措施	
绕组断路检测	使用专用工具（摇把）转动电机，通过数字万用表测量绕组间的电压，如右图所示： ①U-V； ②V-W； ③W-U。 注意：佩戴手套，做好安全防护措施；此项检测需要两人配合同时进行，一人负责使用摇把转动电机，另一人负责使用数字万用表进行电压测量	
旋变传感器绕组阻值检测（正弦）	测试条件：使用数字万用表测量旋变传感器绕组阻值（正弦），如右图所示。 标准要求：(30±2)Ω。 注意：正弦值和余弦值基本一致，励磁值为前者的一半	

047

续表

内　容	操作及数据记录	参考结果
（二）实训内容		
步骤二：驱动电机的检测		
旋变传感器绕组阻值检测（余弦）	测试条件：使用数字万用表测量旋变传感器绕组阻值（余弦），如右图所示。 标准要求：(30±2)Ω。 注意：正弦值和余弦值基本一致，励磁值为前者的一半	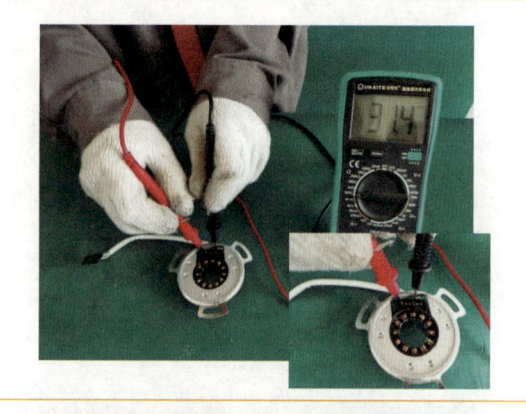
旋变传感器绕组阻值检测（励磁）	测试条件：使用数字万用表测量旋变传感器绕组阻值（励磁），如右图所示。 标准要求：(15±2)Ω。 注意：正弦值和余弦值基本一致，励磁值为前者的一半	
温度传感器阻值检测	测试条件：使用数字万用表测量温度传感器阻值，如右图所示。 标准要求：在 10～40℃温度下，阻值为 50.04～212.5kΩ	
转子外观与磁性检测	检查转子外观有无锈蚀、碰伤、划痕等； 如右图所示，使用金属（如开口扳手）与转子外表面相接触,检查转子磁性是否良好。 注意：使用金属与转子外表面相接触前，务必保证金属干净无污渍	

048

续表

内　容	操作及数据记录	参考结果
（二）实训内容		
步骤三：驱动电机的安装		
安装驱动电机转子	如右图所示，对驱动电机进行检测或维修后安装驱动电机转子。 注意：因转子为永磁体，吸附力较强，所以在安装过程中，务必佩戴干净的手套进行操作，以免误伤手	
安装驱动电机前端盖（1）	如右图所示，安装驱动电机前端盖时应注意温度传感器插接头和三相线束接线端的位置	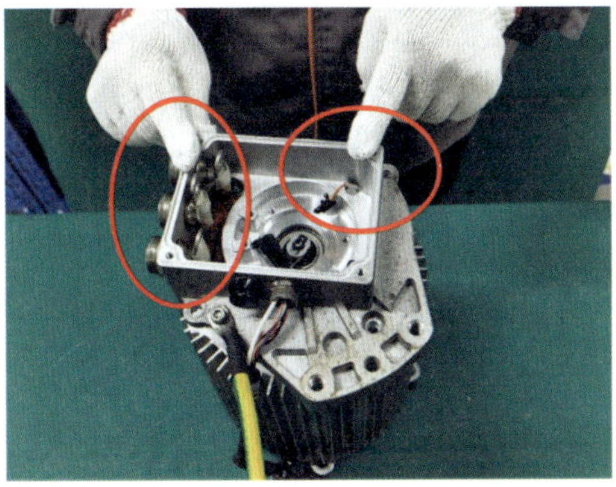
安装驱动电机前端盖（2）	如右图所示，安装驱动电机前端盖时，在露出温度传感器插接头和三相线束接线端之后，用橡胶锤均匀用力敲击前端盖，直至前端盖与电机外壳贴合	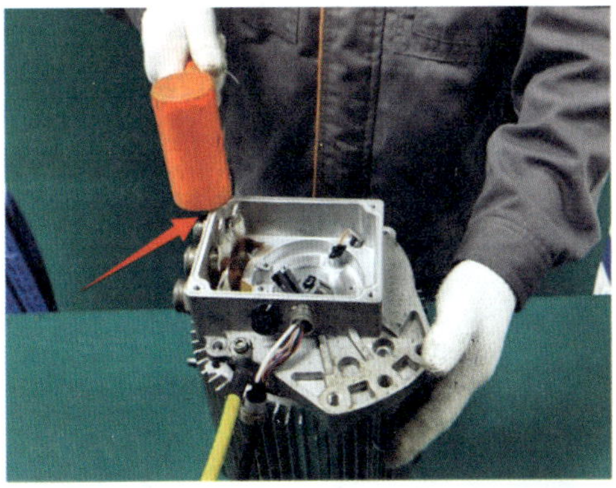
安装驱动电机前端盖（3）	如右图所示，用橡胶锤均匀用力敲击前端盖，前端盖与电机外壳贴合之后，安装4颗螺栓（内六角6mm）	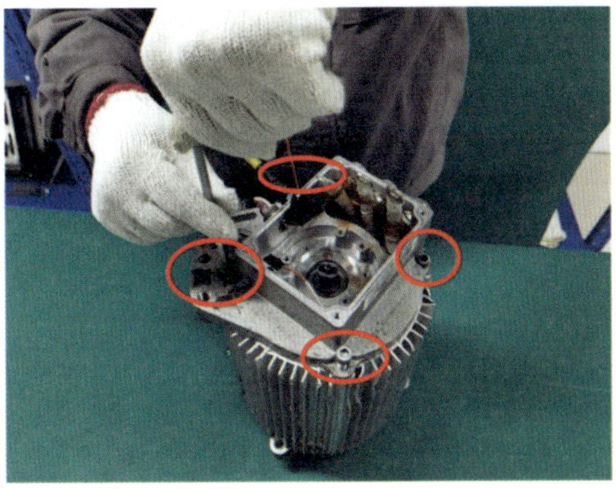

续表

内　容	操作及数据记录	参考结果
（二）实训内容			
步骤三：驱动电机的安装			
安装转子卡环	如右图所示，利用卡环钳双手配合安装转子卡环。 注意：为防止安装过程中失误，导致转子卡环飞溅误伤手或眼睛，务必佩戴手套和护目镜	
安装碳刷组件和搭铁线	如右图所示，首先安装驱动电机搭铁线的1颗连接螺栓（内六角4mm），接着安装碳刷组件的1颗固定螺栓（内六角3mm）	
安装旋变传感器	如右图所示，安装旋变传感器，螺栓孔一一对应之后，安装3颗连接螺栓（8mm）	
安装接线柱盖板	如右图所示，安装接线柱盖板，螺栓孔一一对应之后，安装4颗连接螺栓（内六角4mm）	

永磁同步电机的拆装与检测 **学习单元2**

续表

内　容	操作及数据记录	参考结果
（二）实训内容			
步骤三：驱动电机的安装			
连接温度传感器和旋变传感器的线束插头	如右图所示，连接温度传感器和旋变传感器的线束插头	
安装三相线束	安装三相线束与电机内的 3 颗连接螺栓（12mm）； 安装三相线束与电机外的 3 颗固定螺栓（25mm）	
安装驱动电机三相线束接线盒盖	如右图所示，安装驱动电机三相线束接线盒盖，以及驱动电机三相线束接线盒盖上的 4 颗螺栓（8mm）	
安装完毕	如右图所示，宝骏 E100 永磁同步电机安装完毕	

051

习 题

1. 永磁同步电机通常会被分为三大类：_____、_____及_____。
2. 驱动电机中用来检测电机转子旋转瞬间的准确位置（检测电机转子角位移和角速度）的是_____。
3. 按励磁电流的供给方式对永磁同步电机进行分类，其中从其他电源处获得励磁电流的电机称为_____。
4. 驱动电机的一般性项目试验主要有外观检查、_____、_____、_____等。
5. 比亚迪 e5 驱动电机绕组短路检查是使用专用工具转动电机，通过数字万用表测量电机绕组间的_____。
6. 请简述检测比亚迪 e5 驱动电机冷态绝缘电阻的主要步骤。

任务评价

请根据任务的完成情况，对自己的工作进行评估、总结。

评分内容	自 评	互 评	教 师 评
遵守安全规范操作（10 分）			
遵守课堂纪律（10 分）			
学生面貌（10 分）			
课堂氛围（10 分）			
团队合作（10 分）			
知识与技能（20 分）			
过程与方法（20 分）			
完成本任务实训工单（10 分）			
总分（100 分）			

学习单元 3

驱动电机减速器的拆装与检测

情境引入

小王在某新能源汽车 4S 店工作，今天接了一辆比亚迪 e5 纯电动汽车，该车辆在行驶中伴随不同车速，从底盘前部传来异响，师傅告诉小王需要检查减速驱动桥，你知道什么是纯电动汽车的减速驱动桥吗？

任务目标

知识目标
1. 能够叙述驱动电机减速器的组成结构。
2. 能够叙述驱动电机减速器的基本知识。
3. 能够思路清晰地进行交流展示，说明自己的工作计划或成果。

技能目标
1. 能根据作业项目和维修手册要求，确定驱动电机减速器的拆装与检测实施方案，做好工作前场地、工具、防护用具的准备。
2. 能够按照维修手册要求，小组合作完成减速器润滑油的更换、减速器的拆装与检测。
3. 能够规范使用工具，搜集和整理相关资料，完成实训工单的填写。

素质目标
1. 能够通过互联网、书籍（含车辆使用手册）等获取所需信息，既学到了专业知识，又融入了当今时代的发展潮流，将所学与当今国情相结合，在学习中接受思政教育，升华思想，

了解国家的发展趋势。

2. 能够参照资料独立或多人合作完成工作任务，培养科学严谨、勤于思考、勇于担当的精神。

3. 在使用新能源汽车的过程中，遵守注意事项，树立安全意识，从中积极培育和践行大国工匠精神，提升家国情怀。

思考与成长

保护劳动者的生命安全和职业健康是安全生产最根本、最深刻的内涵，是安全生产的核心。它充分揭示了安全生产以人为本的导向性和目的性，是党和政府以人为本的执政本质、以人为本的科学发展观的本质、以人为本构建和谐社会的本质在安全生产领域的鲜明体现，安全为了自己，为了家庭，为了国家。

知识解析

3.1 减速器概述

与传统的燃油汽车不同，主流的新能源汽车没有搭载传统的变速器，而是搭载一组减速器，且不提供换挡功能。

3.1.1 减速器的意义

减速器是由齿轮传动、蜗杆传动和齿轮-蜗杆传动组成的，是封闭在刚性壳体内的独立部件，通常用作驱动部件和工作机械之间的减速传动装置。减速器在原动机和工作机械或执行机构之间起着匹配转速和传递扭矩的作用，在现代机械中应用广泛。减速器是汽车传动系统中减小转速、增大扭矩的主要部件，纯电动汽车为了输出更大的扭矩，需要更大功率的电机，而采用减速器甚至变速器能够有效改变传动比，实现转速和扭矩的变化。

3.1.2 减速器的作用

减速器常用于低速大扭矩的传动设备。电机、发动机或其他高速运转的动力通过减速器输入轴上的齿轮，动力通过齿轮传动到输出轴上的齿轮。普通减速器也有几对原理相同的齿轮来达到理想的减速，其中大小齿轮的齿数比就是传动比。减速器还具有改变力的传输方向，减速并增大输出扭矩的作用，输出扭矩的大小与电机减速比有关，当输入扭矩不变时，减速比越大，输出扭矩越大。

3.1.3 减速器的特点

蜗轮减速器的主要特点是具有反向自锁功能，有较大的减速比，输入轴和输出轴不在同一轴线或平面上，但体积庞大、传动效率低、精度低。

谐波减速器利用柔性元件的可控弹性变形来传递运动和动力，体积小、精度高。但与金属零件相比，存在柔性元件寿命有限、无抗冲击性能、刚性差的缺点，且输入速度不能太高。谐波减速器结构紧凑、回程间隙小、使用寿命长、额定输出扭矩大，但是价格较高。

齿轮减速器具有体积小、传递扭矩大的特点。齿轮减速器是在模块化组合系统的基础上设计并制造的。电机组合、安装形式和结构方案众多，传动比分类精细，可满足不同的使用条件，实现机电一体化。齿轮减速器的传动效率高、能耗低、性能优越。

摆线针轮减速器是一种采用摆线针轮啮合行星传动原理的传动模型，它是一种理想的传动装置，具有许多优点，应用广泛，可正反操作。

3.1.4 减速器的分类

减速器是一种相对精密的机械，它能在原动机和工作机或执行机构之间匹配转速和传递扭矩。使用它的目的是降低速度、增大扭矩。

根据传动类型的不同，减速器可分为齿轮减速器、蜗轮减速器、行星齿轮减速器。

根据传动阶段的不同，减速器可分为单级减速器、多级减速器。

根据齿轮形状的不同，减速器可分为圆柱齿轮减速器、圆锥齿轮减速器、圆锥-圆柱齿轮减速器。

根据传动布置的不同，减速器可分为膨胀减速器、分流减速器、同轴减速器。

3.2 减速器的结构

与传统燃油汽车不同，纯电动汽车的电机初始化扭矩比发动机大，从启动开始就能全扭矩输出，没有怠速问题困扰。同时，纯电动汽车在不同转速下电能转换为机械能的效率区别并不大，电机噪声远小于发动机，故不必刻意压低电机转速。基于以上原因，纯电动汽车的动力传动机构仅需搭配一个中等齿轮比的减速器。例如，特斯拉只单独装配一个齿轮比为9.73的减速器；日产聆风只单独装配一个齿轮比为8.19的减速器。

3.2.1 比亚迪 e5 减速器的结构

比亚迪 e5 变速系统采用 BYD5T-09，配备单挡无级变速，减速器的总减速比为 9.266，主要技术参数如表 3-1 所示。

表 3-1 比亚迪 e5 减速器的主要技术参数

参　数	规　格
输入最大功率	160 kW
输入转速	0～12000 r/min

续表

参　数	规　格
最大输入扭矩	310 N·m
输入输出轴连线与水平面夹角	8.073°
总减速比	9.266
一级传动比	3.217
主减速传动比	2.880
电机轴中心与差速器中心的距离	239 mm
变速箱润滑油量	1.85～1.95 L
变速箱润滑油类型	齿轮油 SAE75W-90

比亚迪 e5 新能源汽车单挡无级减速器依靠两级齿轮副实现减速增扭。按照功能作用和位置分为五大组件：前箱体、后箱体、输入轴组件、中间轴组件、输出轴（差速器）组件。动力由电机输入减速器进行减速，后经传动轴分配至两侧驱动轮。以比亚迪 e5 减速器为例，外部结构如图 3-1 所示，内部结构如图 3-2 所示。

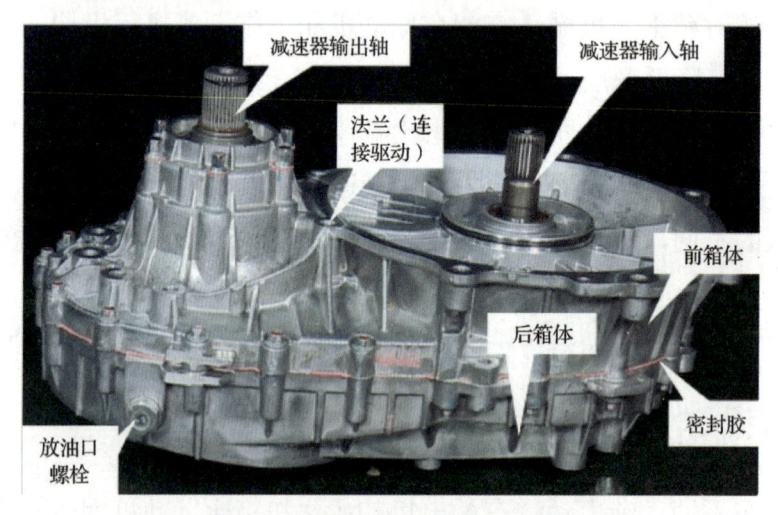

图 3-1　比亚迪 e5 减速器的外部结构

图 3-2　比亚迪 e5 减速器的内部结构

比亚迪 e5 新能源汽车驱动电机与减速器的连接装配通过花键配合，如图 3-3 所示。驱动电机将动力传递至减速器，经过一级齿轮副减速后进入中间轴，二级减速齿轮副开始工作，此时动力进入差速器，两个行星齿轮将动力传递至减速器两侧的三枢轴式伸缩万向节，最终到达驱动轮，如图3-4所示。

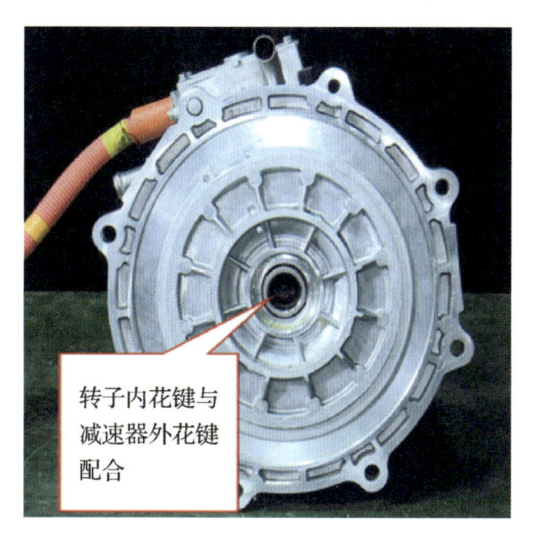

图3-3 花键

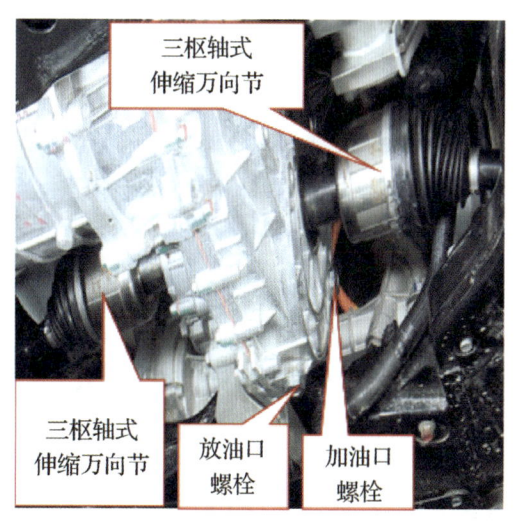

图3-4 比亚迪e5减速器装配连接

减速器与驱动电机通过法兰固定，有8个六角法兰面螺栓，紧固力矩为100N·m，如图3-5所示。分解驱动电机与减速器时，注意保管好电机定位销，如图3-6所示。

图3-5 减速器与驱动电机固定螺栓

电机未在视图中显示，可清楚看出M12螺栓的安装方向

电机定位销

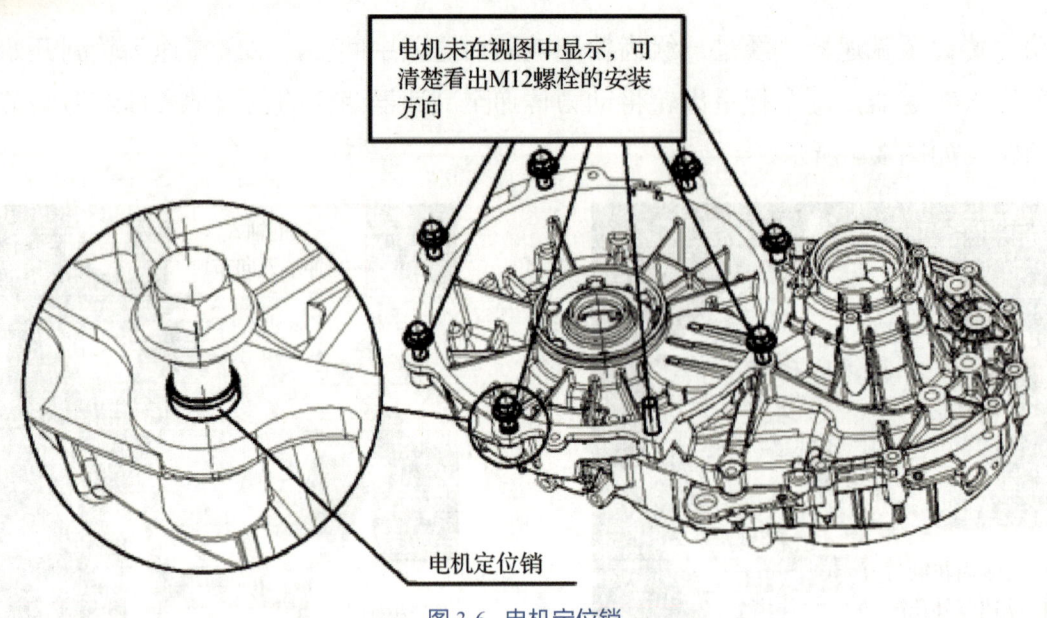

图 3-6 电机定位销

3.2.2 宝骏 E100 减速器的结构

宝骏 E100 纯电动汽车采用无级减速器，根据生产使用的不同批次或不同供应商，宝骏 E100 减速器的总成外观略有不同，其主要技术参数如表 3-2 所示。

表 3-2 宝骏 E100 减速器的主要技术参数

参　数	规　格	
减速器类型和型号	1T07S	SH12E1(LV1)/SH12E1A(LV2)
主减速比	6.738	6.736
一级减速比	1.609	1.6087
二级减速比	4.188	4.1875
减速器中心距	161 mm	161 mm
一级中心距	62 mm	62 mm(LV1)/75 mm(LV2)
二级中心距	99 mm	99 mm
扭矩容量	120 N·m	
最高转速	7500 r/min	
使用温度	-40~120℃	
里程表速比	1.24	

宝骏 E100 减速器主要依靠两级齿轮副实现减速增矩。按照功能作用和位置分为五大组件：前箱体、后箱体、输入轴、中间轴、输出轴（差速器）。动力由驱动电机输入，经过一级减速器齿轮传递至中间轴，经二级减速器齿轮进入差速器，差速器将动力经传动轴分配至两侧驱动轮。宝骏 E100 减速器的外部结构如图 3-7 所示，内部结构如图 3-8 所示。

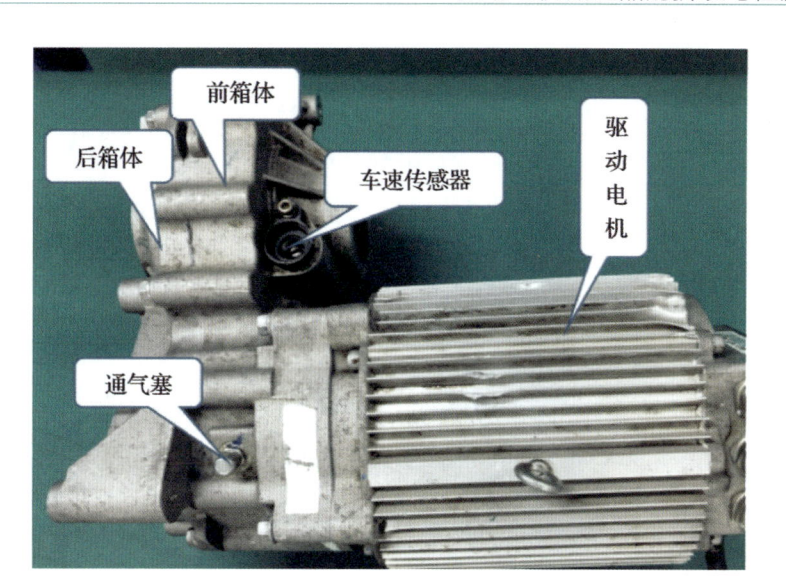

图 3-7 宝骏 E100 减速器的外部结构

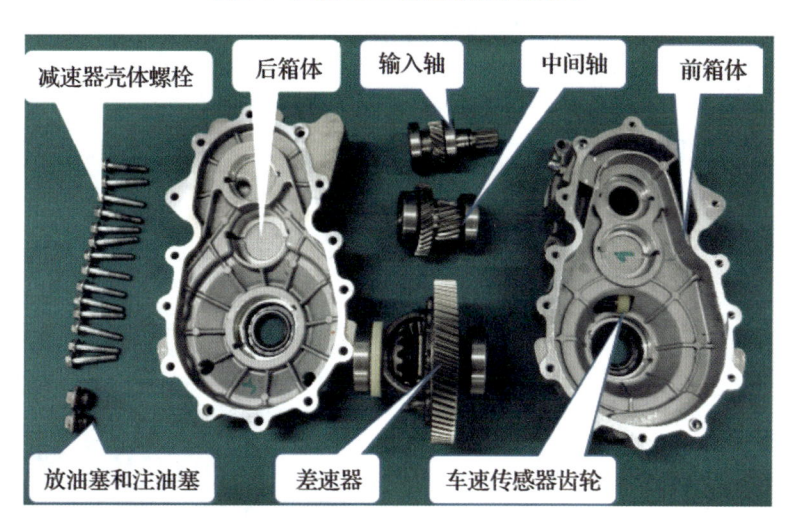

图 3-8 宝骏 E100 减速器的内部结构

工作任务1　减速器润滑油的更换

总目标：在学习理论知识的基础上，根据任务要求进行动手实践，能够熟练进行减速器润滑油的更换（以比亚迪 e5 驱动电机为例）

内　容	操　作
（一）准备	
开始作业前，准备好驱动电机实训车辆（以比亚迪 e5 驱动电机为例）及其相关技术资料。工具箱和防护用品柜内需要有足够的专用维修工具和各类防护用具	1．劳动保护 ①穿好实训服； ②穿好劳保鞋； ③检查并佩戴工作手套； ④检查专用工具和各类防护用具。 2．举升防护 ①检查并锁死举升机； ②检查并确保车辆在举升机上无松动、摇晃情况

059

续表

内容	操作
（二）明确实训内容	
学生工作	①在各自工位上分组学习； ②在充分学习本项目相关知识的基础上，能够通过查阅相关技术资料和观察减速器外观，完成实训工单（见本书配套教学资源）； ③7S（整理、整顿、清洁、清扫、素养、安全、节约）要求； ④自我评价
指导教师工作	学生在进行上述操作的过程中，指导教师进行下列工作。 ①向学生讲解安全注意事项，并要求学生在实训工单中做记录； ②观察、指导学生进行相关操作，及时制止可能发生危险的操作； ③实操结束后审阅学生完成的实训工单，并结合其操作情况给出评价

操作练习1　减速器润滑油的更换

内容	操作及数据记录	参考结果
（一）准备			
1．穿好实训服，佩戴好手套；2．简易加注工具、机油回收车、油液加注机；3．世达工具一套、笔记本和笔			
（二）实训内容			
举升车辆	将实训车辆开至举升机工位，正确举升车辆到工作位置，注意安全防护	
推入机油回收车	举升车辆到工作位置后，将机油回收车推入实训车辆下方的工作区域	

续表

内　　容	操作及数据记录	参考结果
（二）实训内容			
拆下放油螺栓	将机油回收车推至放油螺栓下，用套筒拆下放油螺栓	
排尽减速器油	拆下放油螺栓后，用机油回收车接住机油，等待一定时间排尽机油。 注意：车辆在启动时会加热机油，排放机油时注意别被烫伤	
准备加注工具	根据实训设备准备加注工具，可以是简易加注工具，也可以是专用油液加注机	
拆下加油螺栓，连接加注工具	拆下加油螺栓，将加注工具连接至加油口，进行机油加注。 注意：机油达到加油口并溢出时代表机油加注达到标准位置	

061

续表

内容	操作及数据记录	参考结果
（二）实训内容		
拆下加油螺栓，连接加注工具		
拧紧加油螺栓	加注完机油后将加油螺栓拧紧	
（三）整理场地		

1. 检查车辆、工具、设备是否恢复原位；2. 检查场地是否被清理并保持清洁

3.3　比亚迪 e5 减速器的拆装与检测

3.3.1　比亚迪 e5 减速器总成故障维修说明

1．减速器总成

（1）减速器采用浸油润滑的方式，润滑油采用齿轮油（参考维修手册，可采用 SAE80W-90 齿轮油；当环境温度低于-15℃时，推荐使用 SAE75W-90 齿轮油）。

（2）动力系统总成在分解修理后，重新安装到车上，变速箱需要加入 1.8～1.9L 的润滑油（或观察油位至加油口后停止加油）。

（3）电机和减速器组装时，必须确保减速器前箱体的导向端口和电机端口对正。注意保护变速器前箱体 O 形圈和变速器主轴密封圈，以及结合面、法兰上的定位销。

2．螺栓（螺母）

减速器壳体上的螺栓（螺母）按对角松开和拧紧，如果螺栓（螺母）有裂纹、损坏，请及时更换。

3．轴承

（1）安装时要用变速器润滑油润滑所有的轴承（可以在轴承的内外圈与传动轴的结合面、轴承与箱体座孔的结合面上涂抹润滑油）。

（2）在安装轴承的过程中，采用维修手册规定的工具进行工作。

（3）同样尺寸的轴承不可以互换位置使用（但减速器主轴前轴承无须考虑调整垫片因素，且产品本身具有良好的加工一致性，故条件紧张时，该轴承例外）。

（4）同一轴上的圆锥滚子轴承应同时更换，轴承型号应相同（包括副轴和差速器的轴承，而所用的 4 个轴承型号应相同）。

3.3.2 减速器故障的处理方式

1．减速器动力传递故障

当整车无动力输出时，按下列操作检查减速器是否损坏。

（1）检查整车驱动电机是否运转正常，若运转正常，则执行操作（2）；若提示驱动电机故障，则先检查驱动电机故障原因。

（2）整车上电，将手柄挂入 N 挡，松开脚制动，平地推车，检查车辆是否可以移动，或者将整车放置到举升台上，转动车轮，检查是否可以转动。若车辆可以移动或车轮可以转动，则执行操作（3）；若车辆不可以移动或车轮不可以转动，则执行操作（4）。

（3）拆解驱动电机与减速器连接，检查花键是否异常磨损，若减速器输入轴花键磨损，则需要将减速器返厂维修。

（4）若车辆不可以移动或车轮不可以转动，则说明减速器内部轴系卡死，需要返厂维修。

2．减速器产生噪声

减速器产生噪声的故障情况及处理措施如表 3-3 所示。

表 3-3　减速器产生噪声的故障情况及处理措施

故障情况	处理措施
润滑油不足	按规定型号和油量添加润滑油
轴承损坏或磨损	参考维修手册对减速器进行维修
齿轮损坏或磨损	参考维修手册对减速器进行维修

3．减速器漏油

减速器漏油的故障情况及处理措施如表 3-4 所示。

表 3-4　减速器漏油的故障情况及处理措施

故障情况	处理措施
输入轴油封磨损或损坏	参考维修手册操作规范更换油封
差速器油封磨损或损坏	参考维修手册操作规范更换油封
油塞处漏油	对油塞涂胶，按规定转矩拧紧
箱体破裂	参考维修手册对减速器进行维修
油量过多，由通气塞冒出	检查油位，调整油量

4．宝骏 E100 减速器相关故障诊断

宝骏 E100 减速器相关故障诊断如表 3-5 所示。

表 3-5　宝骏 E100 减速器相关故障诊断

故障情况	可能原因	处理措施
噪声过大或异常	一轴、二轴、差速器轴承损坏	更换轴承
	齿轮齿面磕碰、有毛刺，齿面发生点蚀或接触不良	修复或更换齿轮
	齿轮轴向位置和间隙不当	检查、调整
	油面太低，润滑不够充分	加油至规定位置
	减速器总成内有异物	检查、排除
渗油	油封过量磨损或损坏	更换
	密封胶涂敷不均匀或密封垫损坏	更换密封垫、涂胶
	结合面磕碰未及时修平	检查、修复
	差速器油封损坏	更换
轴承非正常损坏	润滑油含金属杂质	更换
	润滑不充分或润滑油不符合要求	更换
	使用不合格的轴承	更换

工作任务2　比亚迪e5及宝骏E100减速器的拆装

内　容	操　作
总目标：在学习理论知识的基础上，根据任务要求进行动手实践，能够熟练进行减速器的拆装	
（一）准备	
开始作业前，准备好驱动电机减速器台架（以比亚迪 e5 及宝骏 E100 减速器为例）及其相关技术资料。工具箱和防护用品柜内需要有足够的专用维修工具和各类防护用具	1. 劳动保护 ①穿好实训服； ②穿好劳保鞋； ③检查并佩戴工作手套； ④检查专用工具和各类防护用具。 2. 安全防护 ①检查并确保台架牢固无松动； ②检查并确保减速器在工位上无松动、摇晃情况
（二）明确实训内容	
学生工作	①在各自工位上分组学习； ②在充分学习本项目相关知识的基础上，能够通过查阅相关技术资料和观察减速器的外观，完成实训工单（见本书配套教学资源）； ③7S（整理、整顿、清洁、清扫、素养、安全、节约）要求； ④自我评价
指导教师工作	学生在进行上述操作的过程中，指导教师进行下列工作。 ①向学生讲解安全注意事项，并要求学生在实训工单中做记录； ②观察、指导学生进行相关操作，及时制止可能发生危险的操作； ③实操结束后审阅学生完成的实训工单，并结合其操作情况给出评价

操作练习2　比亚迪e5减速器的拆装

内　容	操作及数据记录	参考结果
\(一\)准备		
1．穿好实训服，佩戴好手套；2．减速器；3．世达工具一套、笔记本和笔		
\(二\)实训内容		
步骤一：拆解		
排放箱体内的润滑油	分别拆下放/加油塞，将箱体内的润滑油排放干净。 注意：拆解后检查螺塞组件及O形圈是否完好，若已损坏，则应更换好的零件	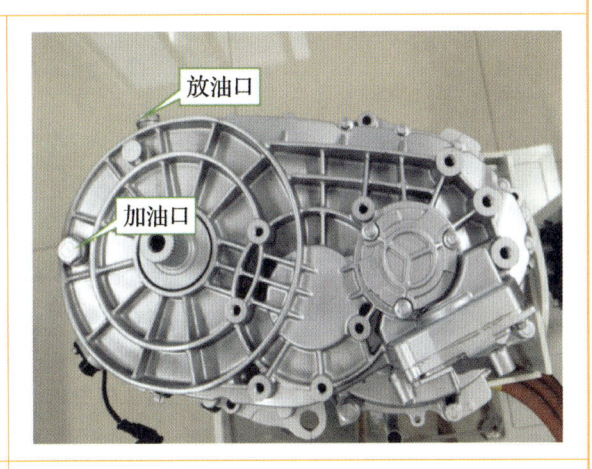 放油口 加油口
分解减速器与驱动电机	用18mm套筒拆下减速器与驱动电机上的8颗连接螺栓，将驱动电机与减速器分解。 注意：减速器总成及电机总成较重，在分解过程中要注意安全	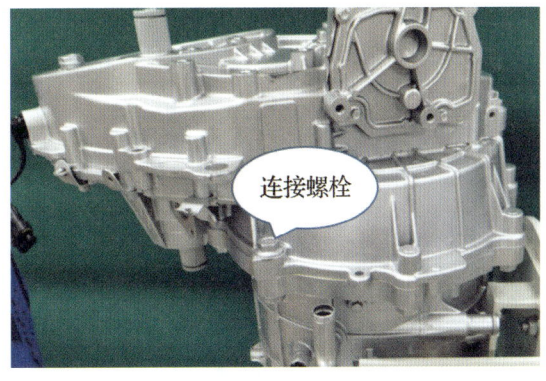 连接螺栓
箱体拆解前的摆放	将减速器放置稳固，推荐放置于网格状的木架上，以保证在拆解过程中不会有影响。如果没有条件，则注意放置稳固，以免拆解过程中摇晃导致出现危险	

续表

内　容	操作及数据记录	参考结果
（二）实训内容			

步骤一：拆解

内　容	操作及数据记录	参考结果
拆解P挡电机、P挡盖、P挡组件	用8mm套筒拆下电机盖上的4颗螺栓，打开盖后取出P挡电机及P挡组件。 注意：在减速器装有此部件时进行拆解，没有则跳过	
拆解减速器输入轴	先用10mm套筒拆下输入轴端盖上的3颗紧固螺栓，取下端盖，再利用工具取出减速器的输入轴。 注意：使用工具取出输入轴时请勿暴力拆解，以免发生碰撞，使输入轴变形，影响后续使用，可以利用橡胶锤和管状力臂完成输入轴的拆解	
拆解前/后箱体	用10mm套筒交错拆下前/后箱体上的17颗紧固螺栓，将前/后箱体拆解，拆解时前箱体上的零部件可能会掉落，注意保管。 注意：在拆解过程中，请保护好前/后箱体接触面，防止接触面损伤，在使用一字螺丝刀撬动前先垫块毛巾再进行；在拆下前箱体的螺栓时，有一颗螺栓长度与其他螺栓不同，注意区分	 

续表

内　容	操作及数据记录	参考结果
（二）实训内容		
步骤一：拆解		
拆解齿轮组件	前/后箱体拆解后，将箱体内的差速器及中间轴取出。 注意：先取出差速器，再取出中间轴，取出过程中注意安全防护，差速器及中间轴较重，且都要垂直向上取出，不然容易与轴承孔卡住	
零部件摆放	将减速器总成的零部件摆放整齐，方便进行接下来的操作	
步骤二：安装		
安装油封、定位销等零部件	将箱体清洗干净，安装轴承，利用工具安装油封、定位销等零部件	

067

续表

内　　容	操作及数据记录	参考结果
（二）实训内容			

步骤二：安装

内　　容	操作及数据记录	参考结果
安装中间轴	将箱体放置平稳，用手将中间轴拿起扶稳，平放回安装位置	
安装差速器	将差速器安装归位，用手将差速器拿起扶稳，平放回安装位置	
安装输入轴	将输入轴安装到箱体上。 注意：放回箱体时还没有安装端盖，请注意防止输入轴掉落	
前/后箱体合箱	检查前/后箱体有无零部件漏装，关注定位销是否安装到位。 　将差速器、中间轴、输入轴放入后箱体，查看是否转动顺畅，以方便安装。 　合箱时在合箱面上涂密封胶，沿合箱面螺栓的内沿打胶，可用橡胶锤轻轻敲打箱体外壁帮助合箱。 　注意：保护油封，以防掉落	

续表

内　　容	操作及数据记录	参考结果
（二）实训内容			

步骤二：安装

内　　容	操作及数据记录	参考结果
前/后箱体合箱		
安装输入轴端盖	将输入轴端盖安装到位，按顺序用10mm套筒安装输入轴端盖上的3颗螺栓，以防输入轴掉落	
紧固箱体	用10mm套筒交错安装、连接固定前/后箱体的17颗紧固螺栓，注意区分输入轴上的1颗特殊螺栓	

续表

内容	操作及数据记录	参考结果
(二)实训内容		
步骤二:安装		
安装减速器P挡电机、P挡盖、P挡组件	将P挡电机、P挡盖、P挡组件安装归位,用8mm套筒将P挡盖上的4颗紧固螺栓安装到位	

操作练习3　宝骏E100减速器的拆装

内容	操作及数据记录	参考结果
(一)准备		
1. 穿好实训服,佩戴好手套;2. 减速器;3. 世达工具一套、笔记本和笔		
(二)实训内容		
步骤一:拆解		
排放箱体内的润滑油	在进行拆解前先打开放/加油塞,将箱体内的润滑油排放干净	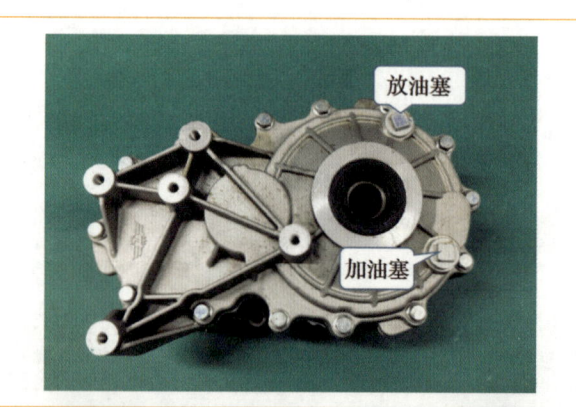 放油塞 加油塞
分解减速器与驱动电机	用14mm套筒拆下减速器与驱动电机上的4颗连接螺栓,将驱动电机与减速器分解	 连接螺栓

续表

驱动电机减速器的拆装与检测 学习单元 3

内　　容	操作及数据记录	参考结果
（二）实训内容		
步骤一：拆解		
箱体拆解前的摆放	将减速器放置稳固，保证在拆解过程中不会有影响，以免拆解过程中摇晃导致出现危险	
拆下减速器壳体螺栓	用 14mm 套筒交错拆下连接壳体的 14 颗紧固螺栓	
取下壳体	用一字螺丝刀将内/外壳体撬松，将上/下壳体分离，取下外壳体	
拆下差速器及中间轴	前/后箱体分离后，将箱体内的差速器及中间轴取出。注意：差速器及中间轴因为生产厂商和安装问题，需要同时取出，差速器及中间轴较重，都要垂直向上取出，不然容易与轴承安装位置卡住	

071

续表

内　容	操作及数据记录	参考结果
（二）实训内容			
步骤一：拆解			
拆下输入轴	将输入轴取出，若取出过程中输入轴紧固，可用橡胶锤轻轻敲击另一端，松动后取出，注意保护输入轴不变形	
零部件的摆放	将减速器总成的零部件摆放整齐，方便进行接下来的操作	
步骤二：安装			
安装输入轴	将箱体清洗干净，先安装轴承，再利用工装安装油封及弹簧组件等零部件，最后安装输入轴	
安装差速器及中间轴	将箱体放置平稳，用手将差速器及中间轴拿起扶稳，按照齿轮啮合位置放好后安装回对应位置	

续表

内　容	操作及数据记录	参考结果
（二）实训内容			

步骤二：安装

内　容	操作及数据记录	参考结果
安装壳体	清洁减速器壳体，涂上密封胶，用手将差速器壳体拿起扶稳，定位后平放回安装位置，用14mm的套筒将连接壳体的14颗紧固螺栓按照规定转矩安装到位	
拧紧放/加油塞	将放/加油塞拧紧到位	

（三）检测步骤及相关标准

项　目	检测方法	相关标准
外观	目测检查减速器的外观	①表面应光洁、平整、喷漆均匀，不得有碎渣、缩孔、疏松、裂纹、磨损、腐蚀、生锈等现象； ②端盖、上/下盖等螺栓应齐全，且符合规格要求，螺帽无松动现象； ③铭牌标识等清晰、正确
差速器	检查差速器是否有异常，检查齿轮、差速器壳体、轴承、铆钉等零部件	①齿轮外观检查无缺损、毛刺、裂痕和变形等现象； ②壳体无碎渣、裂纹、磨损、腐蚀、生锈等现象； ③铆钉应该连接紧固，无松动、断裂、脱落现象
输入轴、中间轴	检查输入轴、中间轴、键槽、蜗轮蜗杆径向窜动量等	按照型号参考对应的维修手册或生产图纸进行检验
轴承、轴承垫片	检查轴承内外圈是否有磨损，轴承垫片是否有磨损	①若轴承内外圈磨损严重，则更换整套轴承； ②若轴承垫片磨损严重，应按照规定的尺寸更换同等厚度的新轴承垫片
运转啮合检测	利用专用工装设备，对减速器进行手摇试验	运行中不能有卡滞、空转等不良现象
密封检测	减速器静置，加入齿轮润滑油观察	无渗漏现象，若有渗漏，则需要将相应部位拆开，重新进行密封处理

续表
（四）整理场地
1. 检查工具、设备是否恢复原位；2. 检查场地是否被清理并保持清洁

习 题

1. 减速器是汽车传动系统中_____、_____的主要部件。

2. 减速器根据齿轮形状可分为_____、_____和圆锥-圆柱齿轮减速器。

3. 纯电动汽车的动力传动在经过减速器时的动力传递路线：驱动电机→_____→输入轴齿轮→_____→中间轴→_____左右半轴→_____。

4. 减速器的组成基本相似，主要组成部件有_____、右壳体、_____组件、中间轴组件、_____。

5. 宝骏E100减速器的常见故障有_____、渗油、_____。

6. 减速器轴承非正常损坏时的可能原因及排除方法有哪些？

任务评价

请根据任务的完成情况，对自己的工作进行评估、总结。

评分内容	自评	互评	教师评
遵守安全规范操作（10分）			
遵守课堂纪律（10分）			
学生面貌（10分）			
课堂氛围（10分）			
团队合作（10分）			
知识与技能（20分）			
过程与方法（20分）			
完成本任务实训工单（10分）			
总分（100分）			

知识拓展

国内外很多企业都开发了三合一驱动桥总成，即驱动电机、减速器、驱动电机控制器三合一，部分企业的三合一驱动桥总成如图3-9所示。

GKN吉凯恩三合一驱动桥总成（驱动电机控制器+驱动电机+减速器）

传动比：12.5:1
转矩：2000 N·m
功率：70 kW
最高速度：125 km/h
质量：20.2 kg
体积：457mm×229mm×259mm

BOSCH e-axle系列三合一驱动桥总成

转矩范围：1000～6000N·m
功率范围：50～300kW
输出功率：150kW
质量：约90kg
可用于总质量7.5t以内的车型
体积将降低超过20%

采埃孚（ZF）三合一驱动桥总成

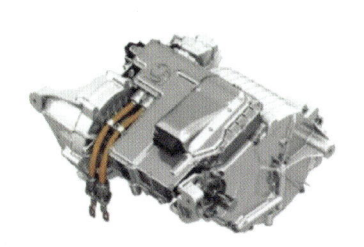

转速：可达21000r/min
转矩：1700 N·m
峰值功率：90 kW
质量：约45kg

图3-9 部分企业的三合一驱动桥总成

学习单元 4

高压电控总成的拆装与检测

情境引入

假如你在某新能源汽车 4S 店实习，今天接了一辆比亚迪 e5 纯电动汽车，该车辆高压无法上电，师傅告诉你需要拆下高压电控总成进行检测，你知道如何拆下高压电控总成吗？

任务目标

知识目标

1. 能叙述驱动电机控制器的作用及组成。
2. 能正确识读比亚迪 e5 的电路图与维修手册。
3. 能够思路清晰地进行交流展示，说明自己的工作计划或成果。

技能目标

1. 能根据作业项目，小组探讨，确定驱动电机及控制器热管理系统维修实施方案，根据实训工单做好工作前场地、工具、防护用具的准备。
2. 能按照维修手册要求，在小组合作下有效完成高压电控总成的拆装与检测。
3. 能根据环保要求，正确处理对环境和人体有害的辅料、废弃液体和损坏零部件。
4. 能依据维修手册规范安全地进行高压电控总成故障排除，搜集和整理相关资料，并完成实训工单的填写。

素质目标

1. 能做好工作记录的整理与总结反思，正确、规范地填写实训工单，在工作过程中严格执行企业的作业规范及安全生产、环保管理、6S 管理等制度。

2. 能够参照资料独立或多人合作完成一般的工作任务，培养科学严谨、勤于思考、勇于担当的精神。

3. 在使用新能源汽车的过程中，遵守注意事项，树立安全意识，从中积极培育和践行大国工匠精神，提升家国情怀。

思考与成长

爱因斯坦是著名的物理学家，他的成就给世界带来了极大的贡献。然而，早期他并没有表现出太高的学习能力，甚至在数学方面表现平平。但是他并没有放弃自己，反而努力学习，在不断尝试中逐渐摸索出属于自己的学习方法，最终成为一位杰出的科学家。

知识解析

4.1 高压电控总成概述

2018 款比亚迪 e5 纯电动汽车（5AEB）高压电控总成将双向交流逆变式电机控制器（VTOG）、车载充电器（OBC）、高压配电箱和 DC/DC 变换器这 4 个高压电控装置合为一体，又称"高压四合一"。高压电控总成在前机舱内，如图 4-1 所示。

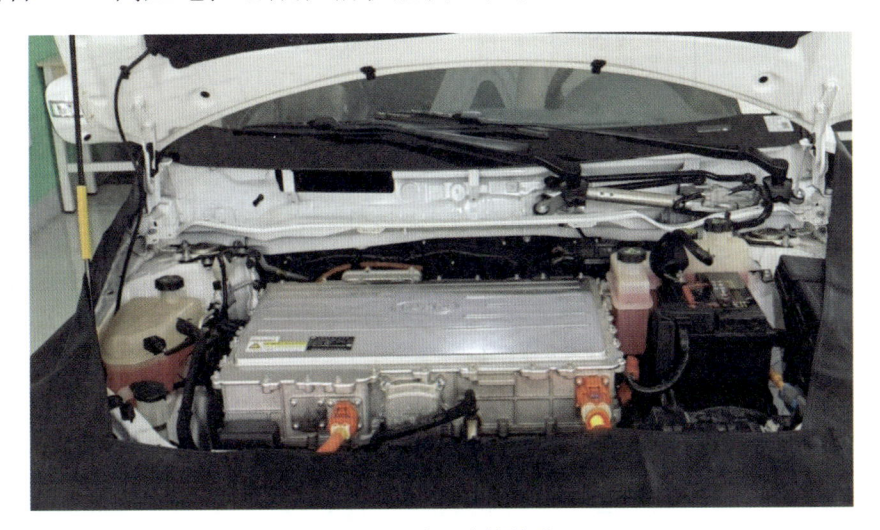

图 4-1　高压电控总成

比亚迪 e5 或 e6 纯电动汽车拥有 VTOG、VTOV、VTOL 功能，即车对电网放电、车对车放电（救援时的车对车充电）、车对负载（外接的用电设备）放电，但是 2018 款比亚迪 e5 纯电动汽车的高压电控总成取消了 VTOG 功能，保留了 VTOV、VTOL 功能。另外，部分 2018 款比亚迪 e5 纯电动汽车取消了 380V 交流充电功能，使用 220V、7kW 的车载充电机对车辆

功能动力电池进行充电。

高压电控总成替代整车控制器（VCU）的功能，采集加速踏板传感器、制动踏板传感器、挡位等信息，解析驾驶员的驾驶意图，结合动力电池管理系统（BMS）的信息及驱动电机的旋变等信号，高压电控总成内的驱动电机控制器模块实现 DC/AC 的变换。高压电控总成具有控制电机正/反向驱动及正/反转发电功能；具有高压输出电压和电流控制限制功能；具有电压跌落、过流、过温、IPM 过温、IGBT 过温保护、功率限制、扭矩控制限制等功能；同时具有电控系统防盗、能量回馈控制、主动泄放、被动泄放等控制功能。

IPM（Intelligent Power Module）是指智能功率模块，把功率开关器件（IGBT）和驱动电路集成在一起，而且内有过电压、过电流和过温等故障检测电路，可将检测信号送到 CPU。

4.1.1 驱动电机控制器

1. 驱动电机控制器的作用与组成

整车控制器根据驾驶员意图发出各种指令，驱动电机控制器响应并反馈，实时调整驱动电机输出，以实现整车的怠速、前行、倒车、停车、能量回收及驻坡等功能。驱动电机控制器的一个重要功能是通信和保护，实时进行状态和故障检测，保护驱动电机系统和整车安全、可靠地运行，如图 4-2 所示。

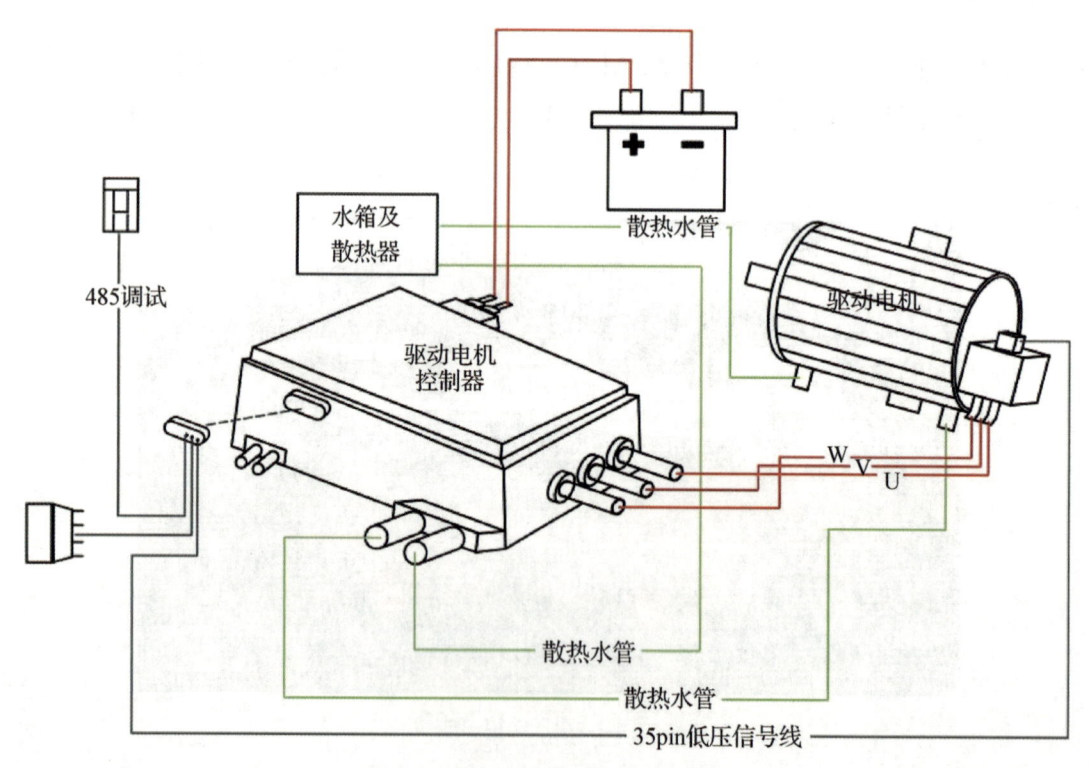

图 4-2 驱动电机控制器及其连接

驱动电机控制器主要由以下几部分组成。

（1）电子控制模块。

电子控制模块包括硬件电路和相应的控制软件。硬件电路主要包括微处理器及其最小系统，对电机电流、电压、转速、温度等状态的监测电路，各种硬件保护电路，以及与整车控制器、电池管理系统等外部控制单元数据交互的通信电路。控制软件根据不同类型电机的特点实现相应的控制算法。

（2）驱动器。

驱动器将微控制器对驱动电机的控制信号转换为驱动功率交换器的信号，并实现功率信号和控制信号的隔离。

（3）功率变换模块。

功率变换模块对电机电流进行控制。电动汽车经常使用的功率器件有大功率晶体管、门极可关断晶闸管、功率场效应管、绝缘栅双极晶体管及智能功率模块等。

电机驱动汽车前行，而驱动电机控制器驱动电机工作。驱动电机控制器由逆变器和控制器两部分组成。逆变器将接收电池输送过来的直流电，逆变成三相交流电给电机提供电源；控制器接收电机转速等信号反馈到仪表，当发生制动或加速行为时，控制器控制变频器频率的升降，从而达到加速或减速的目的。

2. 典型的驱动电机控制器

北汽 EV160 的驱动电机控制器有大洋和大邵两种，功能和主要参数基本一致，这两种不同的驱动电机控制器需要分别匹配各自的驱动电机才能正常工作。

北汽 EV160 的驱动电机控制器的基本参数如表 4-1 所示。

表 4-1　北汽 EV160 的驱动电机控制器的基本参数

技术指标	技术参数
直流输入电压/V	336
工作电压范围/V	265～410
控制电源/V	12
控制电源电压范围/V	9～16
标称容量/(kV·A)	85
质量/kg	9
防护等级	IP67
尺寸（长×宽×高）	403mm×249mm×140mm

驱动电机控制器内部有很多电路板件和组件层层叠加，主要由 IGBT 模块组件（在驱动板上）、屏蔽板组件、控制板组件、传感器支架组件、三相插接件、直流插接件等组成，如图 4-3 所示。

控制板组件在最上层，安装在屏蔽板上，下层是 IGBT 模块及驱动板组件，驱动板组件下方有散热片，最下层是冷却水道，冷却水流过散热片进行散热。驱动电机控制器的分解图如图 4-4 所示。

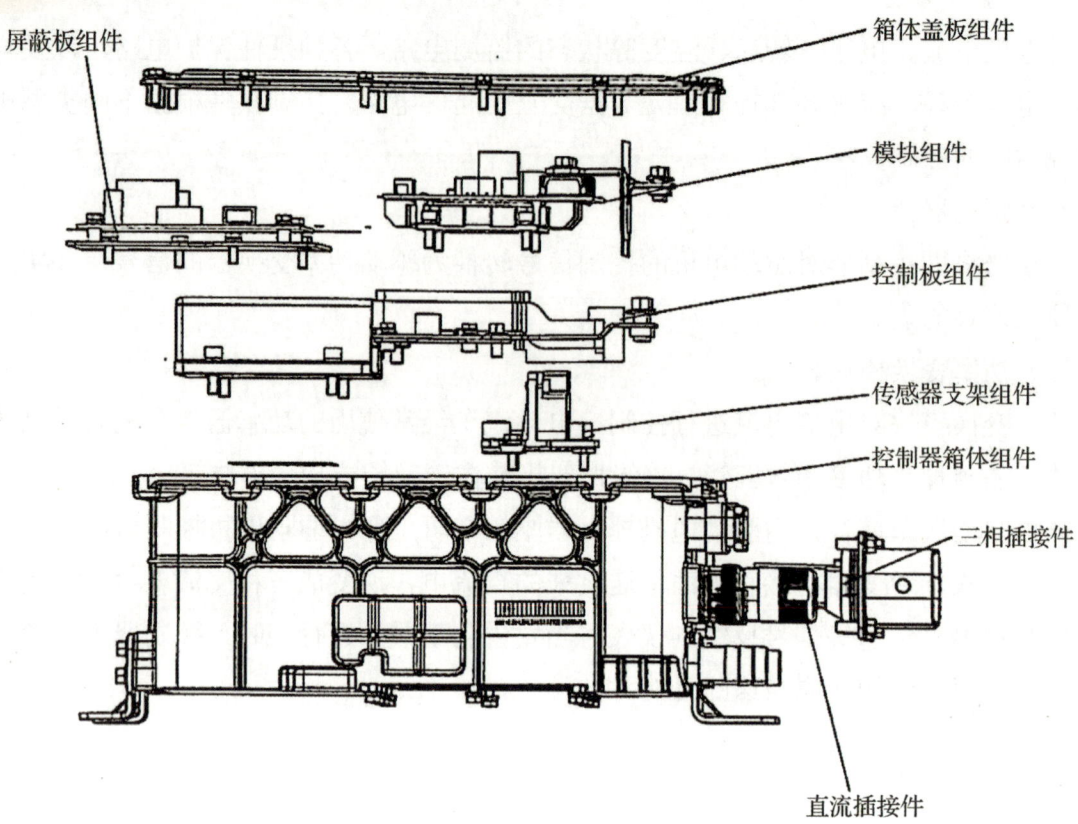

图 4-3 北汽 EV160 的驱动电机控制器的结构

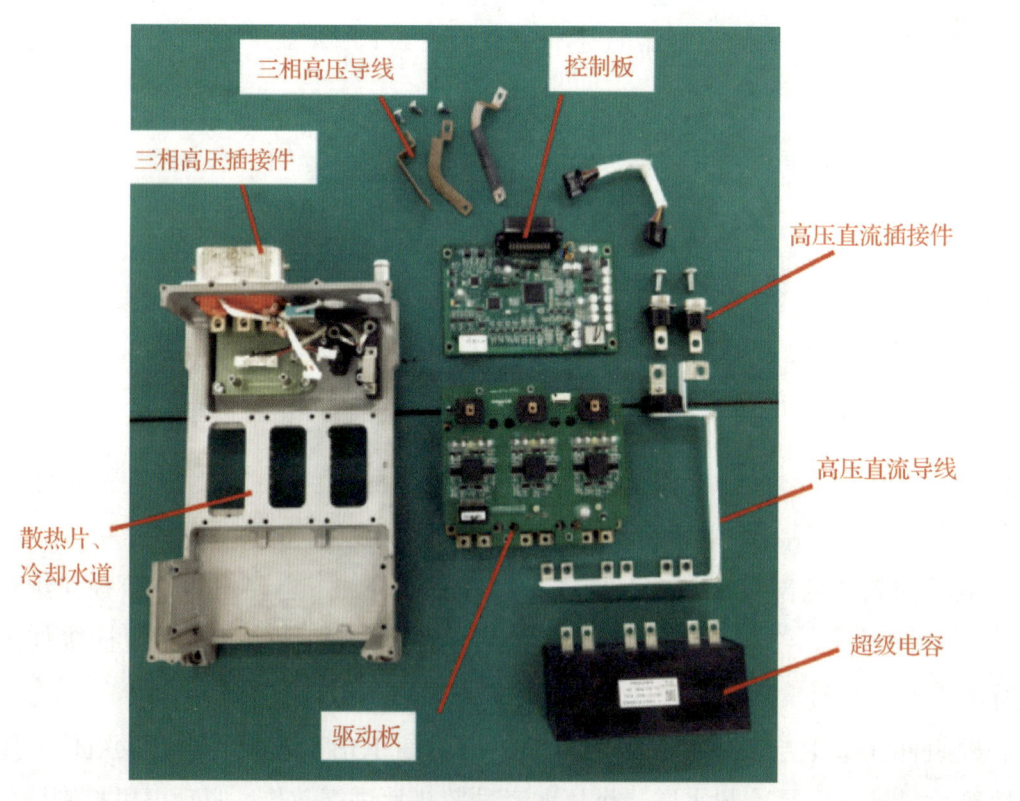

图 4-4 驱动电机控制器的分解图

高压直流插接件与来自高压配电盒的高压直流导线相连接。驱动电机控制器的三相高压导线分别与三相高压插接件、驱动板相连，高压导线连接示意图如图 4-5 所示。

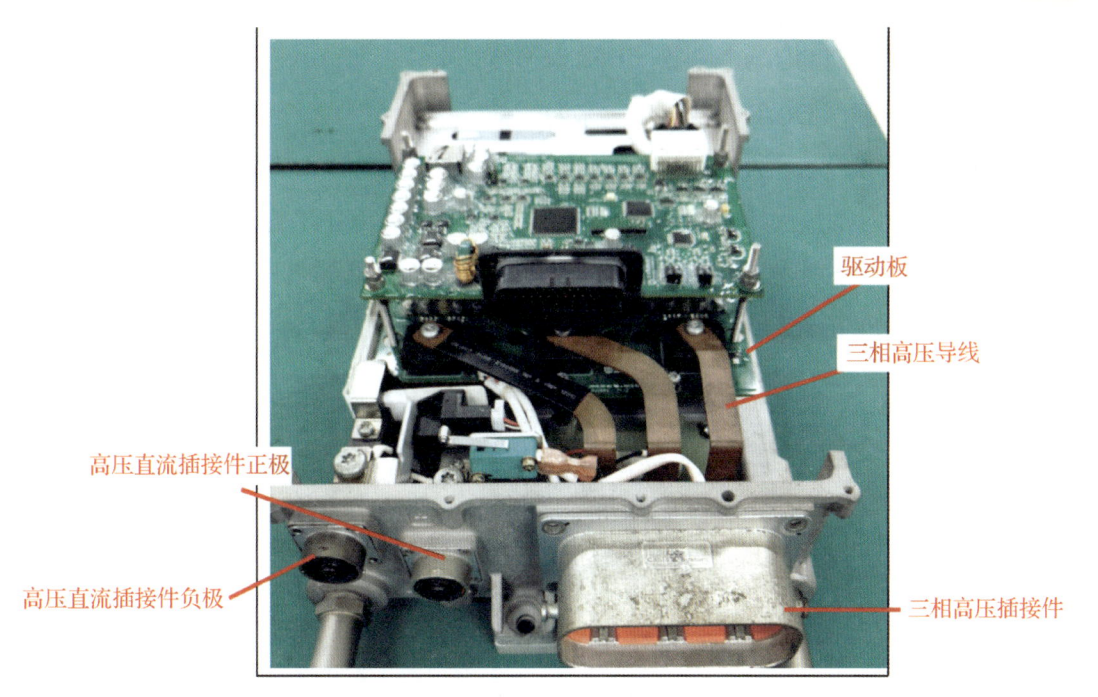

图 4-5　高压导线连接示意图

冷却水道的作用是通过冷却液的流动给 IGBT 模块及驱动板冷却散热，电动水泵驱动冷却液在驱动电机、驱动电机控制器与散热器之间循环流动。

3．驱动电机控制器的控制原理

驱动电机控制器上安装有电流传感器，用于监测电机工作的实际电流（包括高压母线电流、高压三相交流电流）。驱动电机控制器的主要功能有与整车控制器通信、监测直流母线电流、控制 IGBT 模块、监控高压线束连接情况、反馈 IGBT 模块温度、旋变传感器励磁供电、旋变信号分析、信息反馈等。以上主要功能是由控制板和接口电路完成的。控制板如图 4-6 所示。

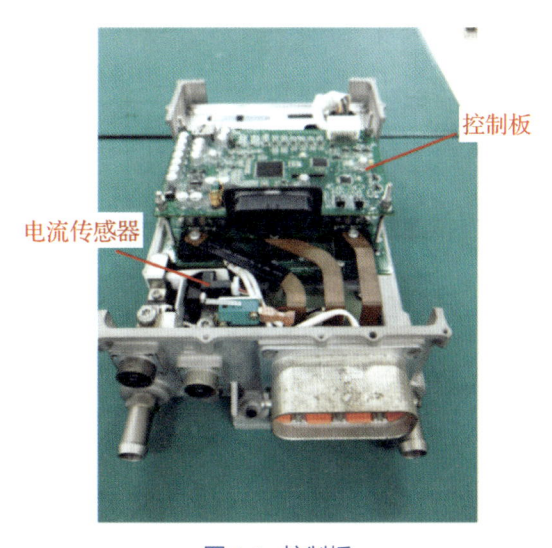

图 4-6　控制板

针对电力电子电路的变换，一般有以下几种基本形式。
（1）交流/直流变换（AC/DC 变换），称为整流。

（2）直流/交流变换（DC/AC 变换），称为逆变。

（3）直流/直流变换（DC/DC 变换），称为斩波。

（4）交流/交流变换（AC/AC 变换），称为变频。

驱动电机控制器内部就是利用 IGBT 进行电路变化的。IGBT 是一种功率开关器件，功率开关器件主要有三种，分别是不可控器件——二极管、半控型器件——晶闸管、全控型器件——IGBT，IGBT 模块如图 4-7 所示。

图 4-7 IGBT 模块

IGBT 驱动板的功能：将信号反馈给驱动电机控制器的控制板、检测直流母线电压、直流转换交流及变频、监测三相电流的大小、监测 IGBT 模块温度、三相电整流。

IGBT 模块共有 6 个 IGBT，分别为 VT_1、VT_2、VT_3、VT_4、VT_5、VT_6。其工作过程就像一个三极管，但它可以开关很大的电压和电流，其工作原理如图 4-8 所示。

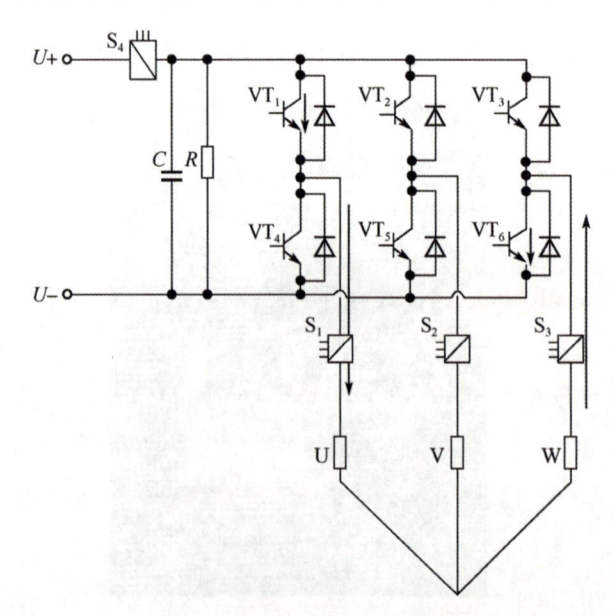

图 4-8 IGBT 模块的工作原理

4．驱动电机控制器的驱动模式

整车控制器根据车辆运行的不同情况，包括车速、挡位、电池 SOC（电量）值，决定驱动电机的输出扭矩/功率。

（1）驱动模式。

当驱动电机控制器从整车控制器处得到扭矩输出命令时，将动力电池提供的直流电转换为三相正弦交流电，驱动电机输出扭矩，通过机械传输来驱动车辆，如图4-9所示。

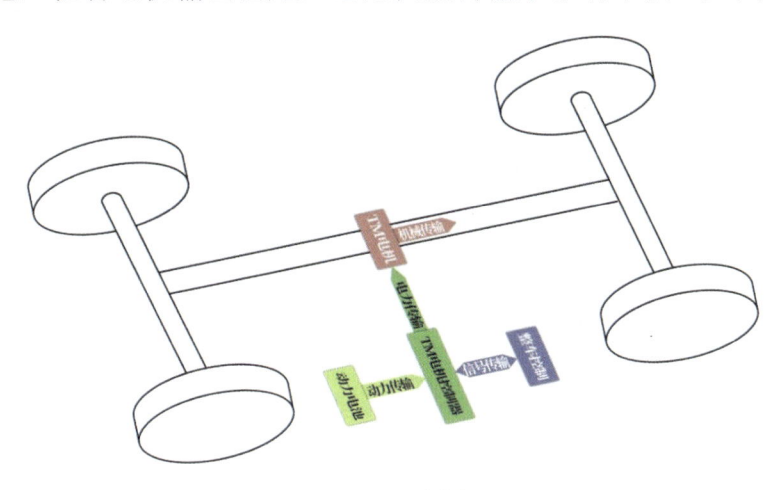

图4-9 驱动车辆

（2）发电模式。

当车辆在滑行或制动的时候，驱动电机控制器从整车控制器处得到发电命令，驱动电机处于发电状态。此时驱动电机控制器会将车辆动能转换为电能。三相正弦交流电通过驱动电机控制器转换为直流电，存储到电池中。

5．驱动电机控制器的插接件

低压插接件是驱动电机控制器对外通信的通道，为35引脚插接件，如图4-10所示。

动力电池的直流电通过高压配电盒提供给驱动电机控制器，在驱动电机控制器上布置2个高压插接件，如图4-11所示。

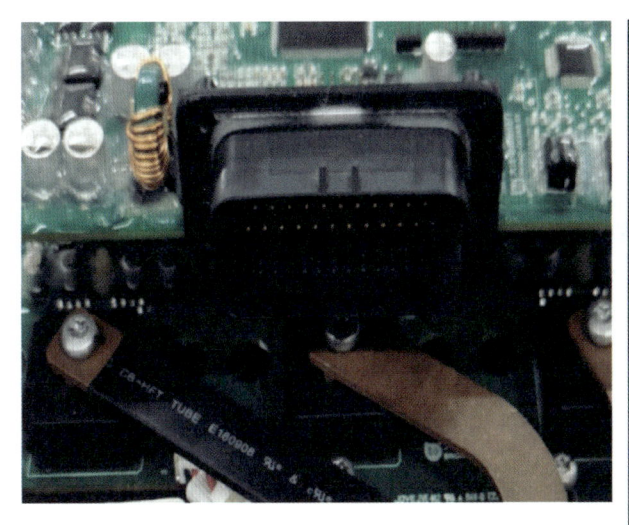

型号	编号	信号名称	说明
ANP 35 引脚 C-776163 -1	12	激励绕组 R1	电机旋转变压器接口
	11	激励绕组 R2	
	35	余弦绕组 S1	
	34	余弦绕组 S3	
	23	正弦绕组 S2	
	22	正弦绕组 S3	
	33	屏蔽层	
	24	12V_GND	控制电源接口
	1	12V+	
	32	CAN_H	CAN总线接口
	31	CAN_L	
	30	CAN_PB	
	29	CAN_SHIELD	
	10	TH	电机温度传感器接口
	9	TL	
	28	屏蔽层	
	8	485+	RS-485总线接口
	7	485-	
	15	HVIL1（+L1）	高低压互锁接口
	26	HVIL2（+L2）	

图4-10 驱动电机控制器的低压插接件

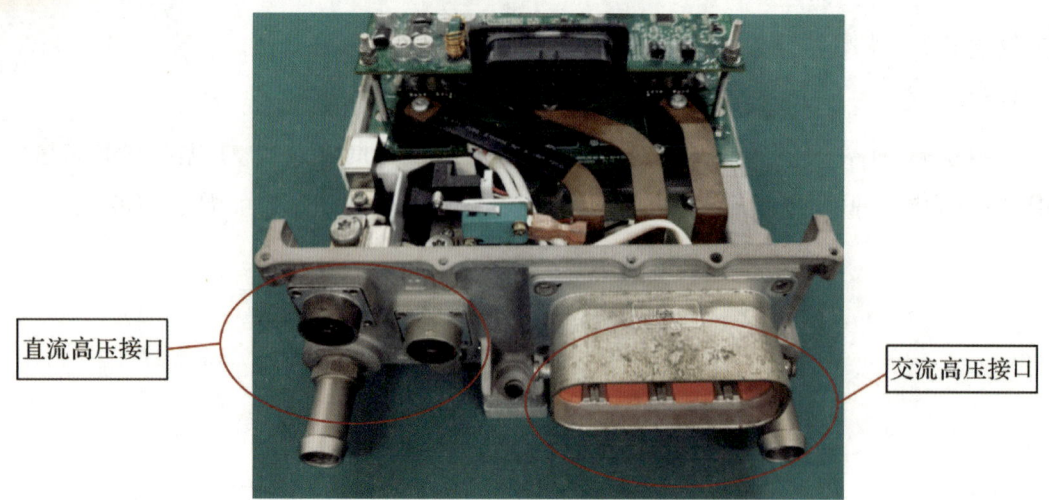

图 4-11 驱动电机控制器的高压插接件

4.1.2 车载充电机

车载充电机主要由交流输入端口、功率单元、控制单元、低压辅助单元、直流输出端口等组成。车载充电机的作用主要是将高压交流电转换为高压直流电，实现直流和交流控制。

车载充电机的工作流程是由供电设备提供高压交流电，低压唤醒整车控制器，整车控制器的动力电池与 BMS 检测车辆充电需求，BMS 给车载充电机发送工作指令，车载充电机接收指令后，开始工作，经过车载充电机内部转换为高压直流电，进入高压配电盒进行分配，给动力电池充电。动力电池检测到充电完成后，向车载充电机发送停止充电指令。车载充电机在将高压交流电转换为高压直流电的过程中，会产生大量的热量。所以一般在车载充电机的内部会安装冷却液道，帮助车载充电机降温。车载充电机的工作流程如图 4-12 所示。

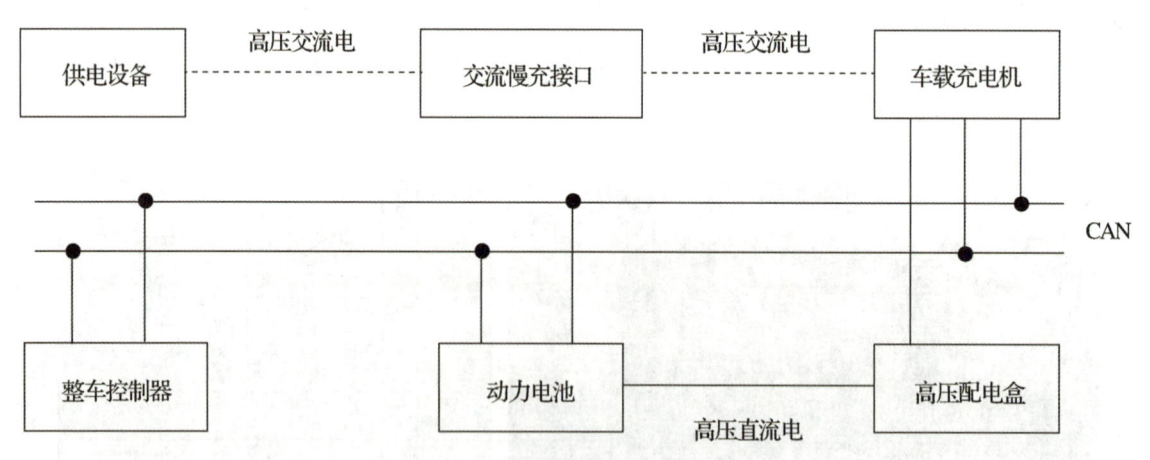

图 4-12 车载充电机的工作流程

4.1.3 DC/DC 变换器

1. DC/DC 变换器的认知

新能源汽车的低压电器系统，如照明系统、多媒体系统等与传统燃油汽车的一样，仍采用 12V/14V/24V 的低压电源系统。传统燃油汽车的供电设备主要是蓄电池和发电机，而纯电动汽车不再配备发动机,新能源汽车动力电池产生的是相对比较稳定的高压直流电,这就需要配备车载电源变换器,也就是 DC/DC 变换器,将动力电池的高压直流电转换为 12V 直流电,为整车低压用电系统供电及给低压蓄电池充电。DC/DC 变换器的主要应用如图 4-13 所示。

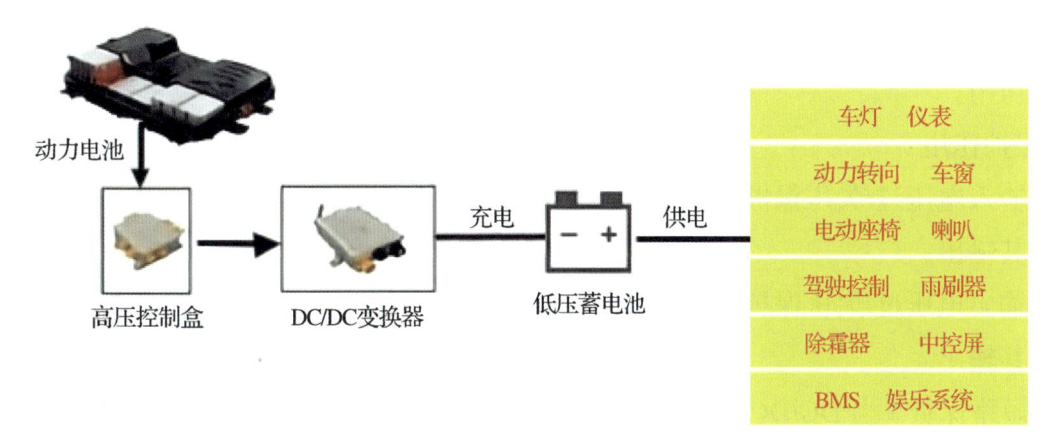

图 4-13　DC/DC 变换器的主要应用

DC/DC 变换器由功率模块、驱动模块和控制模块组成,主要组成器件有控制芯片、电感线圈、晶闸管、三极管、电容等,如图 4-14 所示。

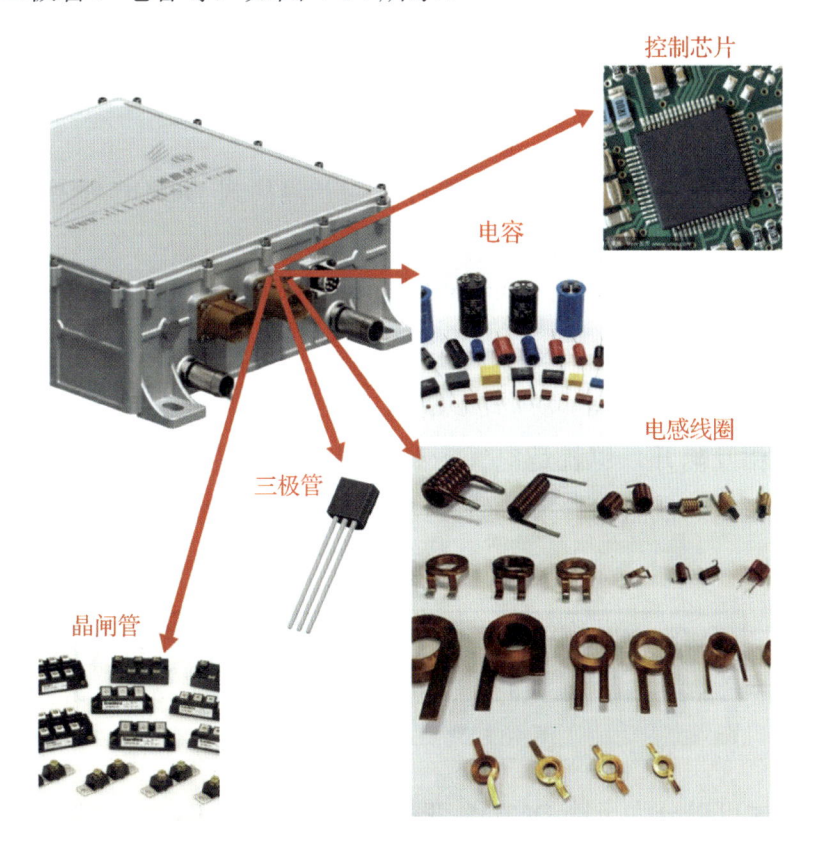

图 4-14　DC/DC 变换器的主要组成器件

2. DC/DC 变换器的作用

1）转换电路、稳定母线电压输出

（1）DC/DC 变换器为蓄电池、智能控制系统及低压电子设备供电。

（2）DC/DC 变换器与超级电容配合使用，能稳定母线电压输出，避免波动电压的影响，起到缓冲作用。

2）保护作用

（1）输入电压过/欠压保护。当 DC/DC 变换器输入电压大于或等于过压保护值时，会关闭或限制其输出。

（2）输出电压过/欠压保护。当 DC/DC 变换器输出电压大于或等于过压保护值时，会关闭或限制其输出。

（3）短路保护。当 DC/DC 变换器输出端发生短路，检测到异常电流时，关闭或限制功率输出，故障消除后，方可自动或经过必要的人为干预恢复输出。

（4）过温保护。当 DC/DC 变换器的温度达到温度保护设定值时，关闭或限制其输出。

3. DC/DC 变换器的类型

DC/DC 变换器的作用是将动力电池的高压电转换为低压电，从而实现驱动直流电机向低压设备供电、给低压蓄电池充电、不同电源之间特性匹配的功能。DC/DC 变换器通常有以下几种分类方式。

（1）按输入电路与输出电路的连接关系可分为非隔离式 DC/DC 变换器和隔离式 DC/DC 变换器。

非隔离式 DC/DC 变换器：输入电路和输出电路之间直接连接，相比于隔离式 DC/DC 变换器，结构更为简单，部件直接连接，能量损失较少，工作效率高。

隔离式 DC/DC 变换器：在非隔离式 DC/DC 变换器的基础上加一个高频变压器，输入电路与输出电路之间相互隔开，也就是电气隔离。优点是能实现较大的电压变化，较为简单地实现动力电池的高压电向低压电转换，但其结构比较复杂、损耗高，如图 4-15 所示。

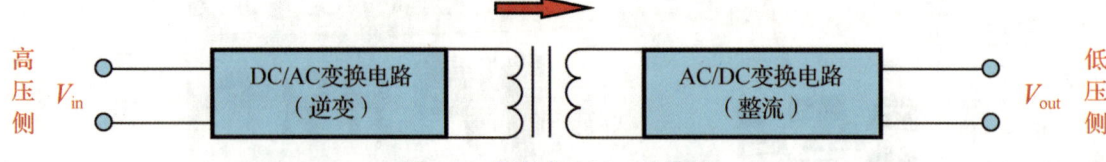

图 4-15　隔离式 DC/DC 变换器

（2）按冷却方式可以分为风冷 DC/DC 变换器和液冷 DC/DC 变换器。DC/DC 变换器在实现电压转换的过程中，功率开关器件会产生大量的热量，需要对 DC/DC 变换器进行冷却。

风冷 DC/DC 变换器：DC/DC 变换器工作时产生的热量，经过风扇散热系统耗散到车体外。风冷 DC/DC 变换器又可以分为自然风冷和强制风冷，强制风冷需要借助风扇等外部设备加快空气的流通速度，散热效果更好。

液冷 DC/DC 变换器：DC/DC 变换器利用冷却液达到散热效果，其液冷散热系统包括散热器、水泵、水道和温度传感器等部件，用于降低 DC/DC 变换器在工作过程中产生的热量，保证 DC/DC 变换器的稳定性和可靠性。液冷 DC/DC 变换器具有高效、稳定的优点，采用液冷的方式，无须大量的风扇散热，布局紧凑还能降低噪声污染，减少能源浪费。在布局合理的情况下，还具有体积小巧、轻量化、散热效果好、节能环保的优点。

（3）按 DC/DC 变换器是否集成可以分为独立单元总成和集成多合一总成。

独立单元总成：DC/DC 变换器作为一个独立单元总成安装在车身上，该类型的优点是各模块区分清楚、功能清晰、后期维护方便、维修成本低、相互之间干扰较少；缺点是占用空间大、结构不太紧密、成本较高。宝骏 E100 DC/DC 变换器就是作为独立单元总成安装在车身上的。

集成多合一总成：DC/DC 变换器和其他设备集成为多合一总成，常见的形式如下。

① DC/DC 变换器与车载充电机集成二合一。

② DC/DC 变换器与驱动电机控制器集成二合一。

③ DC/DC 变换器、车载充电机和高压配电模块集成三合一。

④ DC/DC 变换器、车载充电机、高压配电模块和驱动电机控制器集成四合一。2018 款比亚迪 e5 的 DC/DC 变换器与车载充电机、高压配电模块和驱动电机控制器集成四合一的高压电控总成。

4.1.4　高压配电盒

高压配电盒（Power Distribution Unit，PDU）是新能源汽车高压系统的主要组成部分，负责分配和管理动力电池电源的高压直流电，高压配电盒将高压直流电分配给驱动电机控制器、空调压缩机熔断器等设备，同时有过流、过压、过温保护，以及进行漏电保护和故障检测功能。

高压配电盒由很多高压熔断器和高压继电器组成，某车型的高压配电盒如图 4-16 所示。

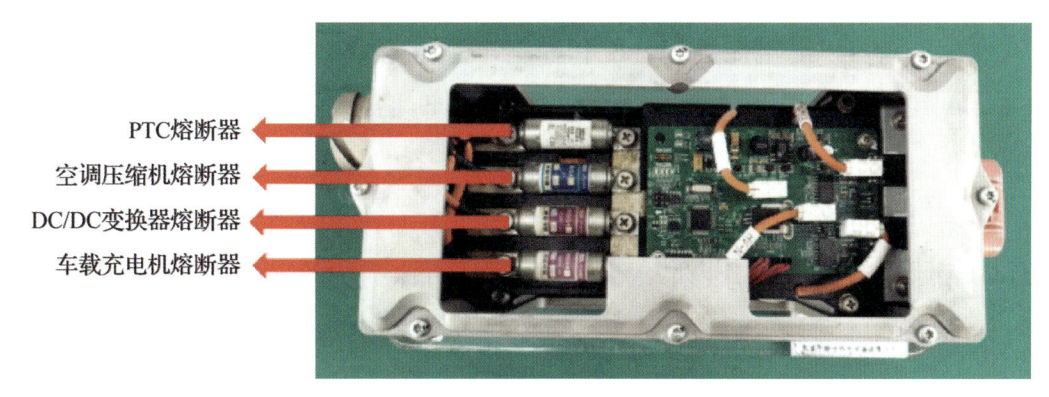

图 4-16　某车型的高压配电盒

1. 高压配电盒的工作原理

高压配电盒是一个很关键的电气组件，它的主要工作原理是将电池组产生的高压电能输送到各个电机和辅助设备中。高压配电盒通过开/闭合闸器对电能进行调制，将高压直流电转换为交流电输出到驱动电机和辅助设备中。

2．高压配电盒的结构

高压配电盒主要由配电单元、绝缘壳体、控制模块、接线端子等部分组成。配电单元是高压配电盒的核心部分，主要由熔断器、电感和继电器等部分组成；绝缘壳体是高压配电盒最外层的保护罩，其主要作用是对高压部分进行隔离和保护；控制模块用于控制高压配电盒的开关，实现对电能的调控和分配；接线端子则是为了方便高压线路的连接和维护。

高压配电盒共有 5 个接线口，分别连接快充插接件、动力电池插接件、驱动电机控制器插接件、高压附件插接件和低压控制插接件，如图 4-17 所示。

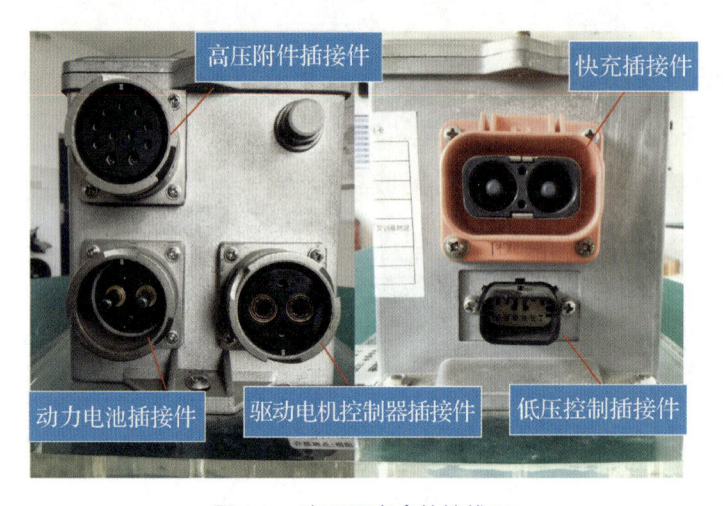

图 4-17　高压配电盒的接线口

3．高压配电盒的作用

高压配电盒的作用主要有以下几个方面。

（1）高压配电盒可以对电池组输出的高压电能进行调制，将其转换为驱动电机和辅助设备能够利用的电能。

（2）高压配电盒可以对电能进行分配和控制，保证电能输出的稳定性和安全性。

（3）高压配电盒可以对高压线路进行隔离和保护，有效防止高压电流对人和设备造成危害。

（4）高压配电盒可以对电路进行诊断和故障排除，保证整个车辆电路系统的正常运行。

4.1.5　漏电检测及主动泄放、被动泄放控制

漏电传感器通过检测动力电池正极与车身底盘之间的绝缘电阻，可检测是否存在漏电现象。如果检测到绝缘电阻小于设定值，则把检测到的漏电信号变换为电压或功率信号，通过控制器局域网总线（Controller Area Network，CAN）将信号发送给电池管理系统、驱动电机控制系统，电池管理系统进行漏电报警，同时采取相应保护措施。漏电传感器的工作原理如图 4-18 所示。

主动泄放是车辆正常状态下停车之后进行的高压残余电压泄放，目的是确保维修人员安全。被动泄放是在车辆发生非正常碰撞或事故之后进行的高压残余电压泄放；另外，当车辆下电时，主动泄放模块在5s内将高压电容的电压降到60V以下，释放危险电能；当主动泄放失效时，高压电容内残余的高压电通过放电电阻消耗，被动泄放模块在2min内把高压电容的电压降到60V以下，作为主动泄放失效的二重保护。

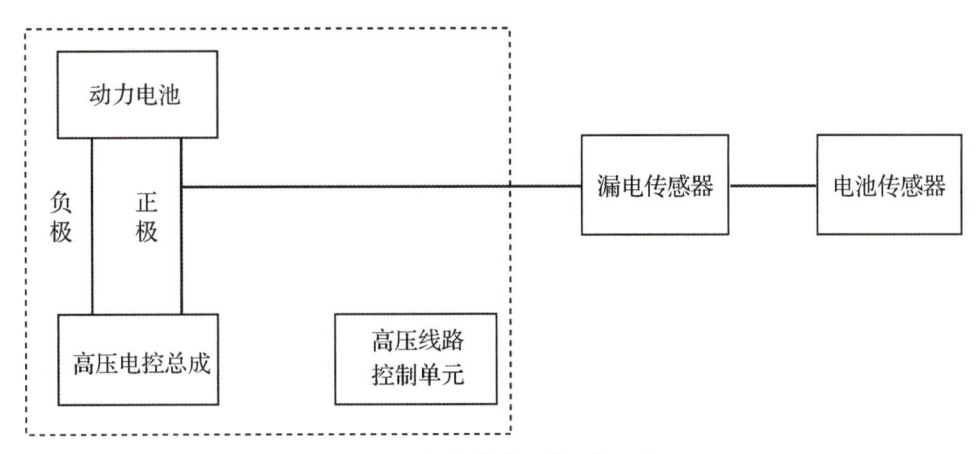

图 4-18 漏电传感器的工作原理

4.2 高压电控总成的外部接口

2018款比亚迪e5高压电控总成的外部接口示意图如图4-19所示。外部接口说明如表4-2所示。

比亚迪e5高压电控总成认知

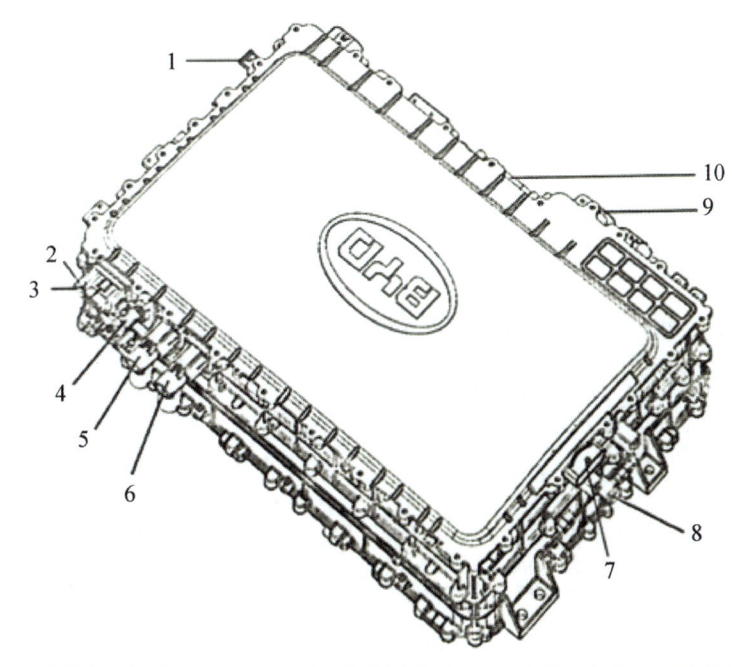

1—DC直流输出插接件；2—33pin低压信号插接件；3—高压输出空调压缩机插接件；
4—高压输出PTC插接件（暖风用）；5—动力电池正极母线；6—动力电池负极母线；
7—64pin低压信号插接件；8—入水管；9—交流输入L1、N相；10—驱动电机三相输出插接件

图 4-19 2018款比亚迪e5高压电控总成的外部接口示意图

表 4-2　2018 款比亚迪 e5 高压电控总成的外部接口说明

编　号	部　件	编　号	部　件
1	DC 直流输出插接件	6	动力电池负极母线
2	33pin 低压信号插接件	7	64pin 低压信号插接件
3	高压输出空调压缩机插接件	8	入水管
4	高压输出 PTC 插接件（暖风用）	9	交流输入 L1、N 相
5	动力电池正极母线	10	驱动电机三相输出插接件

2018 款比亚迪 e5 高压电控总成的外部接口实物图如图 4-20 所示。

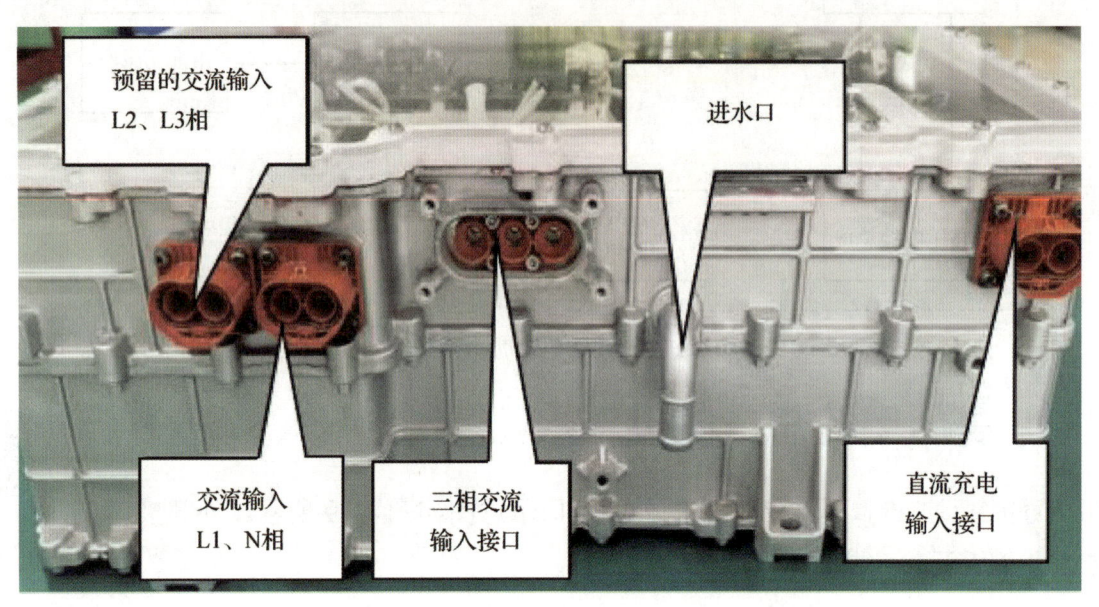

（a）前部接口

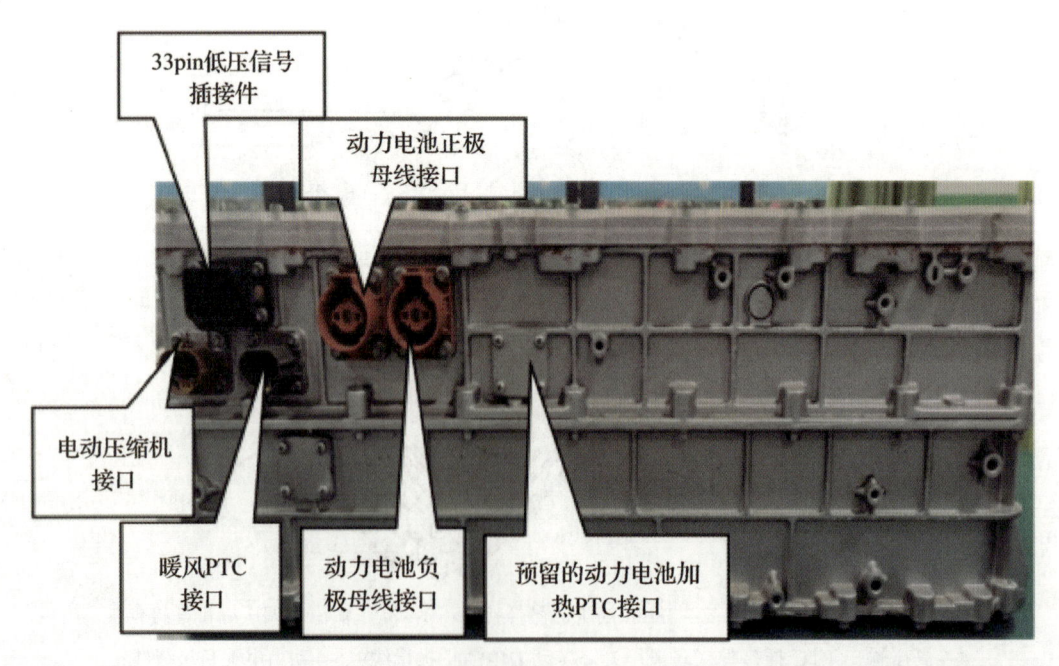

（b）后部接口

图 4-20　2018 款比亚迪 e5 高压电控总成的外部接口实物图

(c) 右侧接口

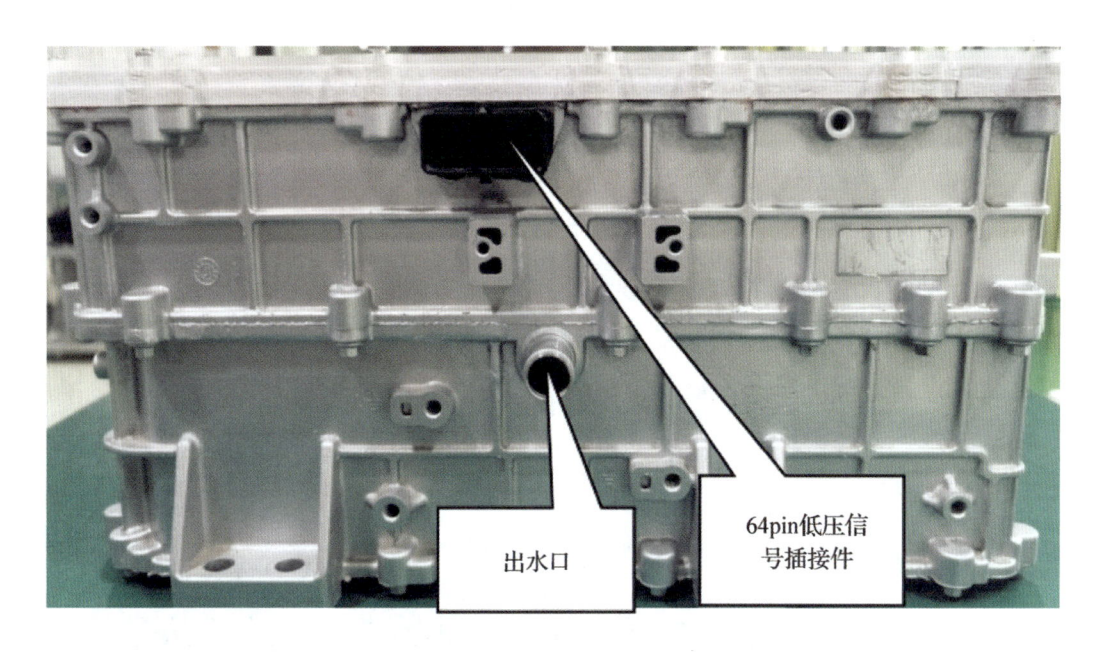

(d) 左侧接口

图 4-20 2018 款比亚迪 e5 高压电控总成的外部接口实物图（续）

4.3 高压电控总成的内部模块介绍

4.3.1 高压电控总成的上层模块

2018 款比亚迪 e5 高压电控总成可分为上下两层及中间水道，其内部结构如图 4-21 所示。

高压电控总成的上层模块包含 VTOG、高压配电盒、DC/DC 变换器和漏电传感器，如图 4-22 所示。

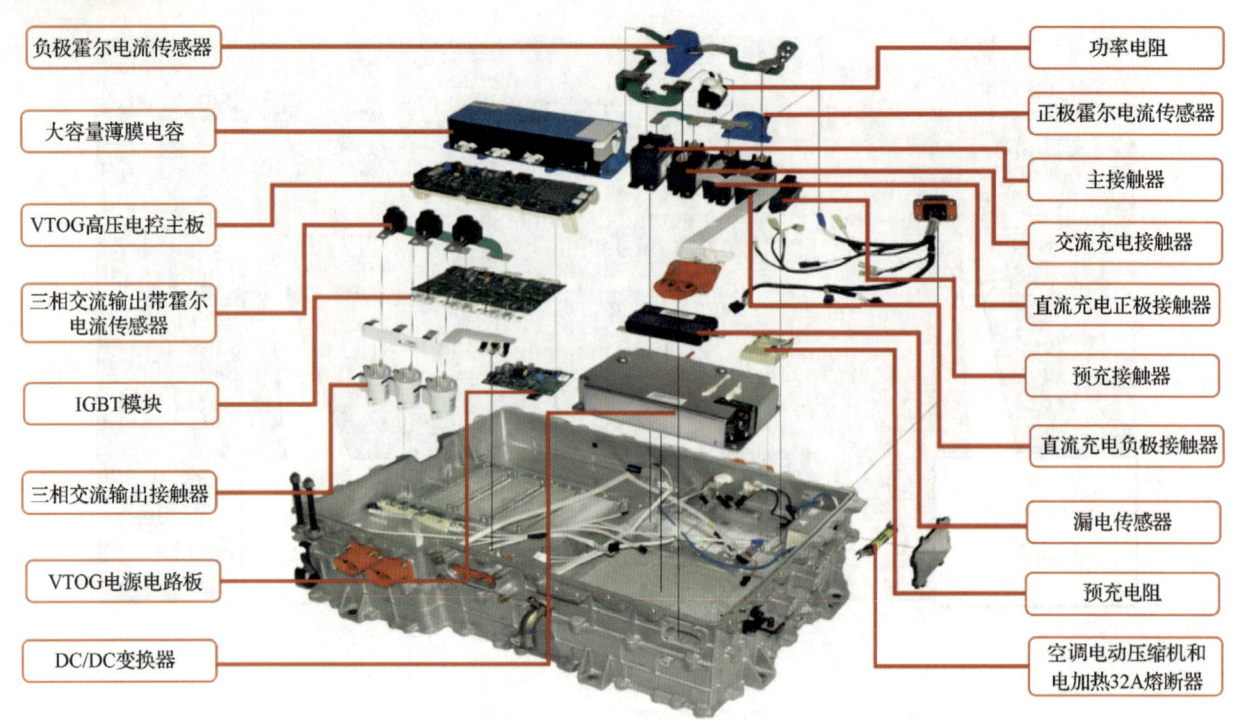

图 4-21　2018 款比亚迪 e5 高压电控总成的内部结构

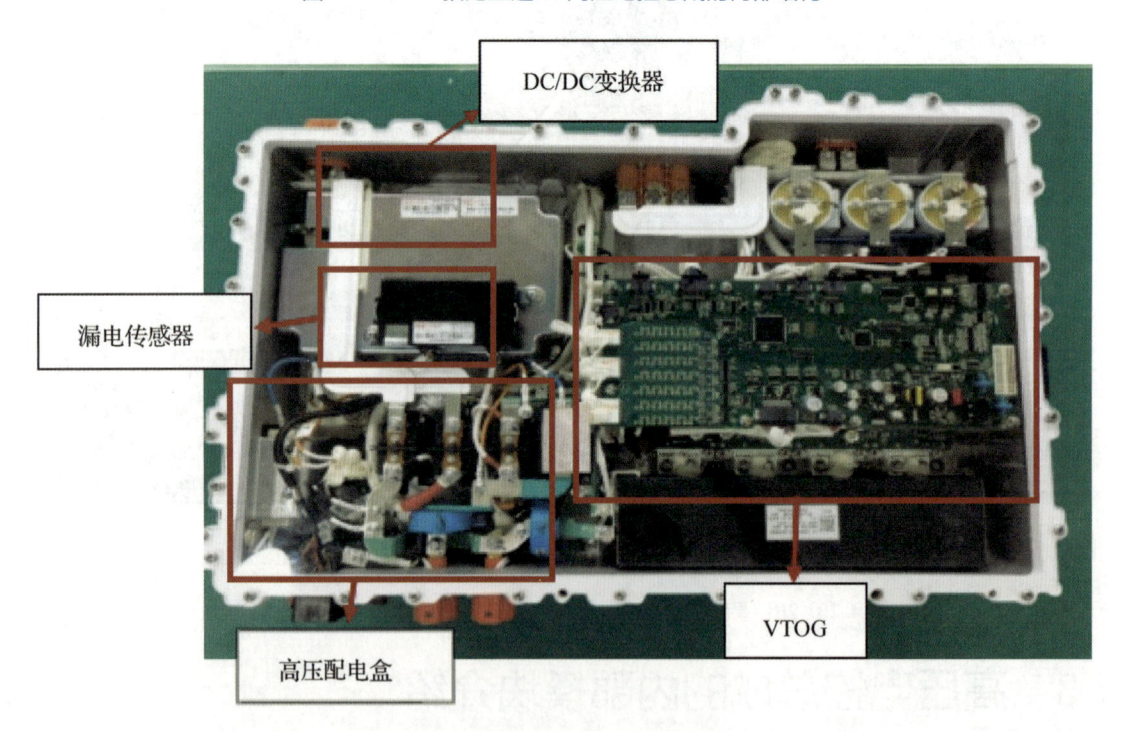

图 4-22　高压电控总成上层模块

高压电控总成采用霍尔电流传感器来检测电流，如图 4-23 所示。为了检测电流方向，有的采用正/负电源供电。一般需要在线检测霍尔电流传感器的性能好坏，先检查其是否有"+15V""-15V"的电源，若电源正常，则测试霍尔信号（1 V 对应 100 A）并与电源管理器的当前电流进行对比，从而判断霍尔电流是否正常。

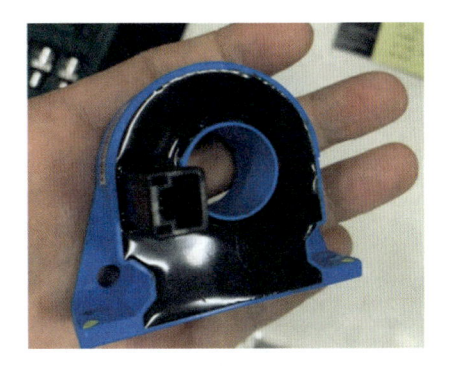

图 4-23 霍尔电流传感器

高压配电盒的构成主要有铜排连接片、接触器、霍尔电流传感器、预充电阻、动力电池组正/负极输入；接触器由电池管理器控制充/放电。高压配电盒的结构示意图如图 4-24 所示。

从左往右依次为：预充接触器、直流负极接触器、直流正极接触器、交流接触器

霍尔电流传感器、动力电池组正/负极输入

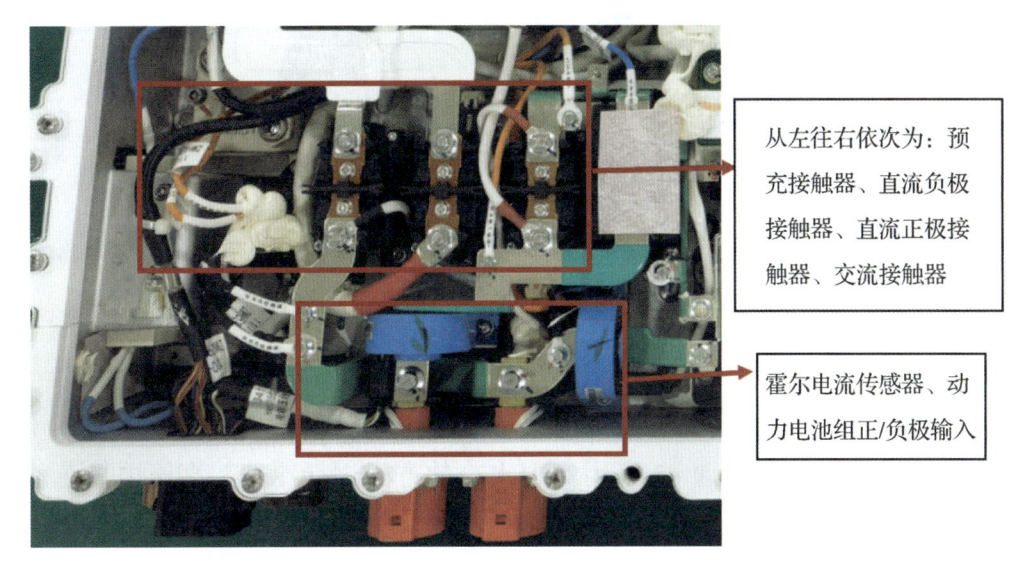

图 4-24 高压配电盒的结构示意图

4.3.2 高压电控总成的下层模块

高压电控总成的下层模块包含电感、电容、接触器、霍尔电流传感器、继电器电路板等，如图 4-25 所示。

70μF电容

3×25μF电容

继电器电路板

电感

接触器

霍尔电流传感器

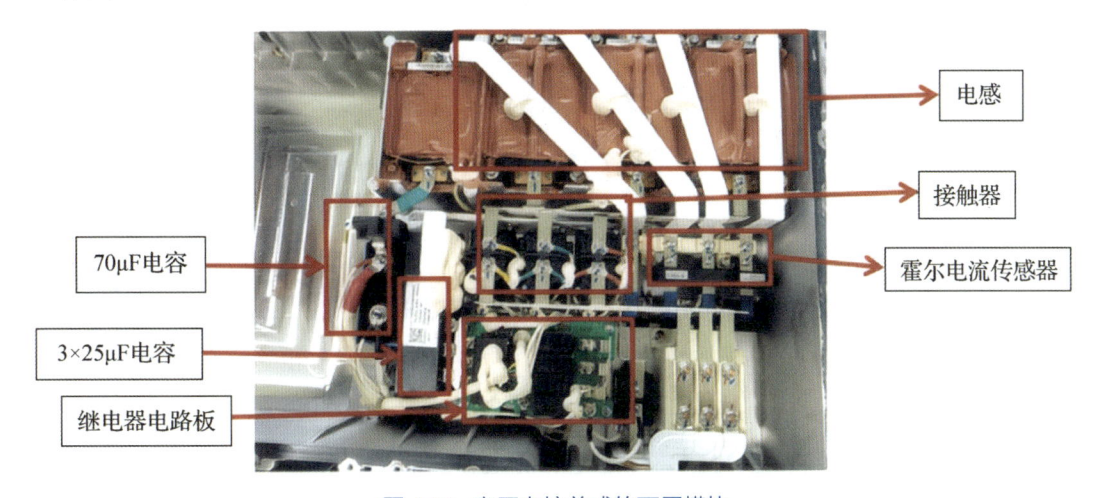

图 4-25 高压电控总成的下层模块

093

2018款比亚迪e5高压电路中使用的电容为薄膜电容，如图4-26所示。薄膜电容的耐压可以达到1000V以上，改善了电容的防潮性和抗温度冲击能力，工作环境温度可达105～125℃。高压电控总成下层模块主要由母线电容总成、直流充电升压器的70μF电容及3个25μF电容总成等组成。

图4-26 薄膜电容

4.3.3 高压电控总成的冷却水道

由于高压电控总成内部集成了大量的发热部件，如VTOG中的IGBT模块、车载充电机及DC/DC变换器等，因此比亚迪e5采用集中水冷的方式进行冷却。高压电控总成的冷却水道如图4-27所示。

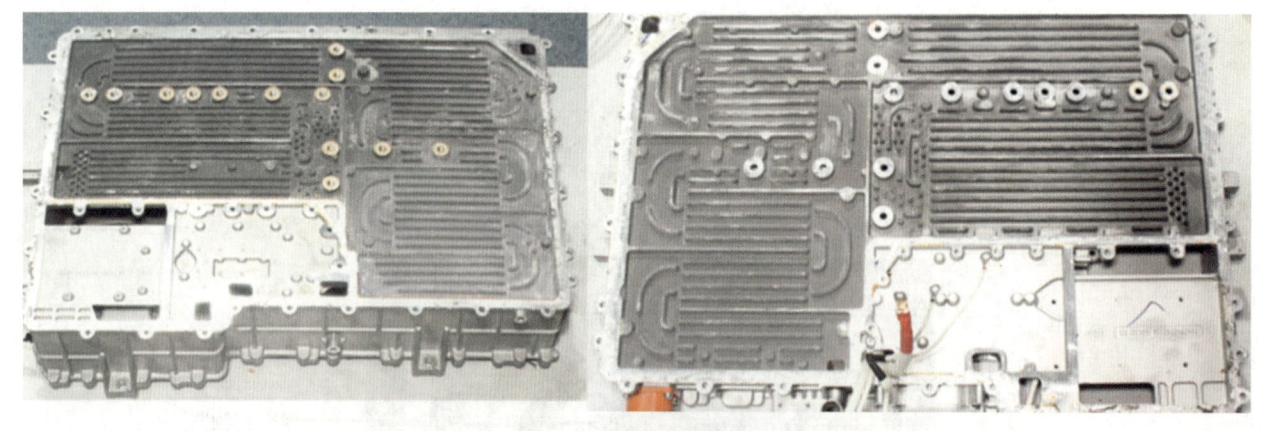

图4-27 高压电控总成的冷却水道

4.4 高压电控总成的高压连接关系及低压信号插接件定义

4.4.1 高压电控总成的高压连接关系

比亚迪e5高压电控总成的高压连接关系如图4-28所示。

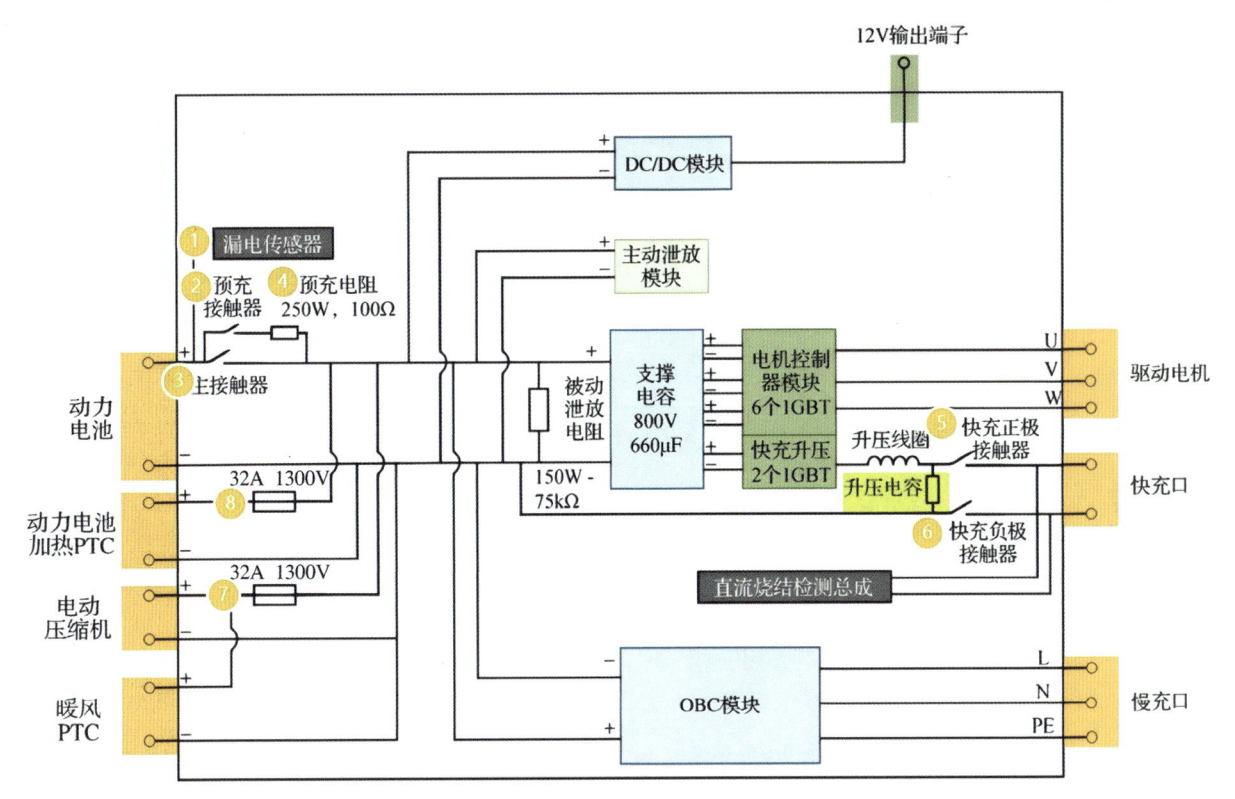

图 4-28 比亚迪 e5 高压电控总成的高压连接关系

1—漏电传感器；2—预充接触器；3—主接触器；4—预充电阻；5—直流充电正极接触器；
6—直流充电负极接触器；7—空调保险

4.4.2 高压电控总成 64pin 和 33pin 低压信号插接件引脚说明

比亚迪 e5 高压电控总成有 64pin 和 33pin 两种低压信号插接件。

64pin 低压信号插接件引脚如图 4-29 所示，64pin 低压信号插接件引脚说明如表 4-3 所示。

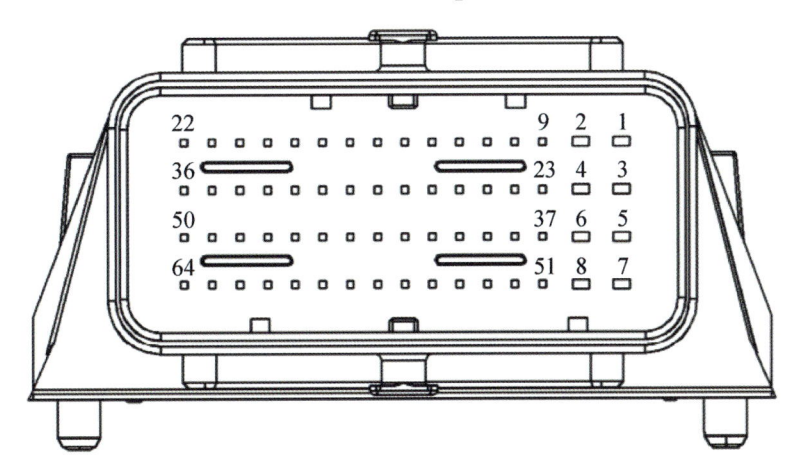

图 4-29 64pin 低压信号插接件引脚

表 4-3 64pin 低压信号插接件引脚说明

引脚号	端口名称	端口定义	线束接法	电源性质（如常电）	备注
1	+12V0	外部提供 ON 挡电源	接 IG3 电	接 IG3 双电路	
2	+12V1	外部提供常火电	接常电	常电	

续表

引脚号	端口名称	端口定义	线束接法	电源性质（如常电）	备注
3	+12V0	外部提供 ON 挡电源	接 IG3 电	接 IG3 双电路	
4					
5					
6	GND	加速踏板深度屏蔽地	接车身地		
7	GND	外部电源地	接车身地		
8	GND	外部电源地	接车身地		
9					
10					
11					
12					
13					
14					
15	STATOR-T-IN	电机绕组温度	接电机 B31-3		
16					
17	DC-BRAKEI	制动踏板深度 1	接制动踏板 BG28-1		
18	DC-GAIN2	加速踏板深度 2	接加速踏板 BG44-1		
19					
20					
21					
22					
23					
24					
25					
26	GND	CAN 信号屏蔽地	接电机 B31-6		
27					
28					
29	GND	电机模拟温度地	接电机 B31-6		
30					
31	DC-BRAKE2	制动踏板深度 2	接制动踏板 B28-8		
32	DC-GAINI	加速踏板深度 1	接加速踏板 BG44-4		
33	DIG-YL1-OUT	预留开关输出 1			
34	DIG-YL2-OUT	预留开关输出 2			
35	/IN-HAND-BRAKE	手刹信号	预留		
36					
37	GND	制动踏板深度屏蔽地	接车身地		
38	+5V	制动踏板深度电源 1	接制动踏板 BG28-2		
39	+5V	制动踏板深度电源 2	接制动踏板 BG28-1		
40	+5V	制动踏板深度信号 1	接制动踏板 BG44-3		
41	+5V	制动踏板深度信号 2	接制动踏板 BG28-8		

续表

引脚号	端口名称	端口定义	线束接法	电源性质（如常电）	备注
42					
43	SWTTCH-YL1	预留开关量输入 1			
44					
45	GND	旋变屏蔽地	接电机		
46					
47					
48					
49	CANH	CANH	接 CANH		
50	CANL	CANL	接 CANL		
51	GND	制动踏板深度电源地 1	接制动踏板 BG28-2		
52	GND	加速踏板深度电源 2	接加速踏板 BG44-6		
53					
54	GND	加速踏板深度电源 1	接加速踏板 BG44-5		
55	GND	制动踏板深度电源地 2	接制动踏板 BG28-9		
56	SWTTCH-YL2	预留开关量输入 2			
57	IN-FEET-BRAKE	制动信号	接制动开关 MICU-W14B2H-20		
58					
59	/EXCOUT	励磁-	接电机 B30-4		
60	EXCOUT	励磁+	接电机 B30-1		
61	COS+	余弦+	接电机 B30-3		
62	COS-	余弦-	接电机 B30-6		
63	SIN+	正弦+	接电机 B30-2		
64	SIN-	正弦-	接电机 B30-5		

33pin 低压信号插接件引脚如图 4-30 所示，33pin 低压信号插接件引脚说明如表 4-4 所示。

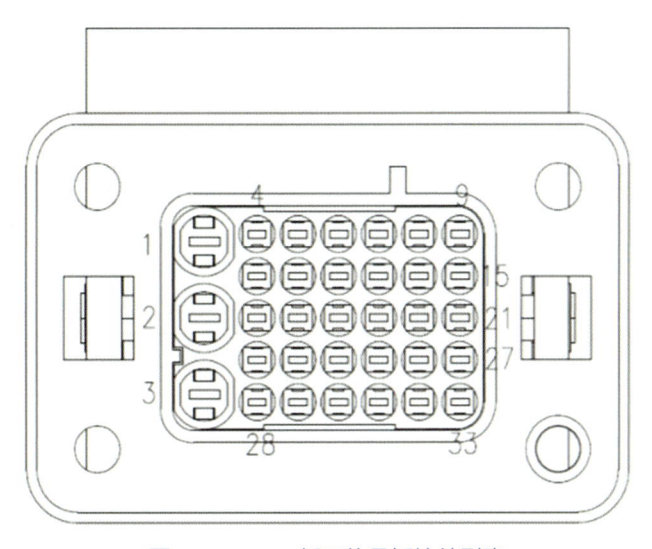

图 4-30　33pin 低压信号插接件引脚

表 4-4　33pin 低压信号插接件引脚说明

引脚号	端口名称	端口定义	线束接法	电源性质（如常电）	备注
1	CP	充电控制确认 CP	接交流充电口		
2					
3		充电感应信号	接 BMS		
4		双路电电源	接 IG3 电	IG3 双路电	
5		双路电电源	接 IG3 电		
6		充电连接信号	接 BCM		
7	CC	充电连接确认 CC	接交流充电口		
8		GND 双路电电源地		双路电	
9		GND 双路电电源地			
10		GND 直流霍尔屏蔽地	接 BMS		
11		直流烧结检测信号充电检测信号	接 BMS		
12		直流烧结检测信号充电检测信号地	接车身地		
13	GND	CAN 屏蔽地			
14		CAN_H	接动力网		
15		CAN_L	接动力网		
16		直流霍尔电源+	接 BMS		
17		直流霍尔电源-	接 BMS		
18		直流霍尔信号	接 BMS		
19	车身地	充电口温度检测信号地	接车身地		
20		充电口温度检测	接交流充电口		
21					
22	驱动/充电	高压互锁+			
23		高压互锁-			
24		主接触器/预充接触器电源	接 IG3 电		
25		直流充电正负极接触器电源	接 IG3 电		
26					
27					
28					
29		主预充接触器控制信号	接 BMS		
30		直流充电正极接触器控制信号	接 BMS		
31		直流充电负极接触器控制信号	接 BMS		
32		主接触器控制信号	接 BMS		
33		交流充电接触器控制信号	接 BMS		

工作任务　　高压电控总成的更换

总目标：在学习理论知识的基础上，根据任务要求进行动手实践，掌握高压电控总成的更换

内　容	操　作
（一）准备	
开始作业前，准备好 2 辆比亚迪 e5 及其相关技术资料。工具箱和防护用品柜内需要有足够的专用维修工具和各类防护用具	1. 劳动保护 ①穿好实训服； ②穿好劳保鞋； ③检查并佩戴工作手套； ④检查专用维修工具和各类防护用具。 2. 车辆防护 ①检查并安装好车轮挡块； ②做好车辆内/外防护工作，防止弄脏、损坏或腐蚀车辆； ③按照规范流程完成车辆下电操作； ④按照规范流程放掉驱动系统冷却液； ⑤拆下格栅上盖板
（二）明确实训内容	
学生工作	①在各自工位上分组学习； ②在充分学习本项目相关知识的基础上，通过查阅相关技术资料和观察高压电控总成的构造，完成高压电控总成的更换，完成实训工单（见本书配套教学资源）； ③7S（整理、整顿、清洁、清扫、素养、安全、节约）管理； ④自我评价
指导教师工作	学生在进行上述操作的过程中，指导教师进行下列工作。 ①向学生讲解安全注意事项，并要求学生在实训工单中做记录； ②观察、指导学生进行相关操作，及时制止可能发生危险的操作； ③实操结束后审阅学生完成的实训工单，并结合其操作情况给出评价

操作练习1　　驱动电机控制器的拆解

内　容	操作及数据记录	参考结果
（一）准备			
1. 穿好实训服，佩戴好手套；2. 世达工具一套、笔记本和笔			
（二）实训内容			
拆解控制板	拆下控制板上的 4 颗固定螺栓； 拆下控制板插接件； 取下控制板，如右图所示	

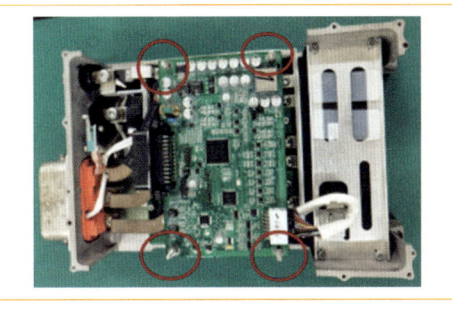

续表

内　容	操作及数据记录	参考结果
（二）实训内容			
拆解控制板	注意：控制板插接件线束较多，拆解时务必规范小心操作，避免出现拉断线束的情况	
拆解超级电容盖板	拆下超级电容盖板上的 4 颗紧固螺栓，并取下盖板	
拆解三相线束	拆下三相线束上的 6 颗固定螺栓，并取下三相线束	
拆解超级电容	如右图所示，拆下超级电容上的 6 颗固定螺栓，并取下超级电容	

续表

内　容	操作及数据记录	参考结果
（二）实训内容			
拆解直流母线插接件	如右图所示，拆下直流母线插接件上的2颗固定螺栓，并取下直流母线插接件	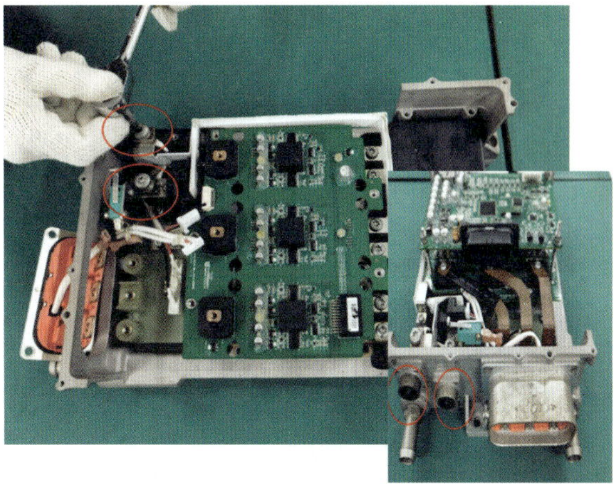
拆解电流传感器	如右图所示，电流传感器附在直流正极导线上，断开电流传感器插接件，拆下直流导线上的2颗固定螺栓，并取下直流导线	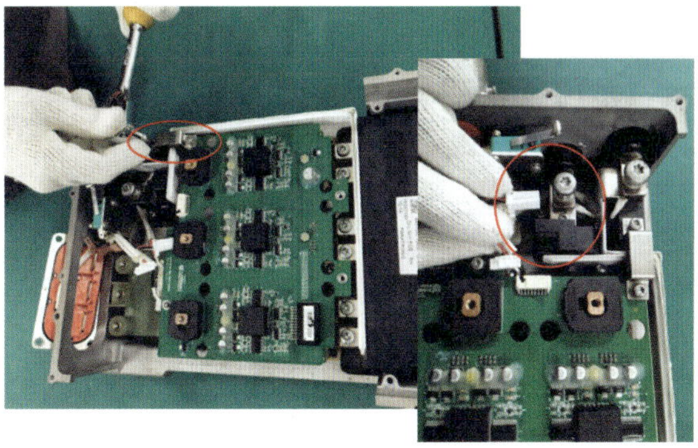
拆解驱动板	如右图所示，首先断开连接驱动板的线束插接件，然后拆下驱动板上的8颗固定螺栓，最后取下驱动板	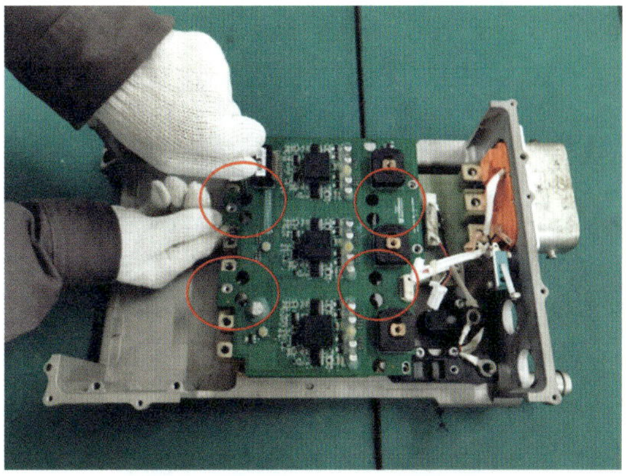 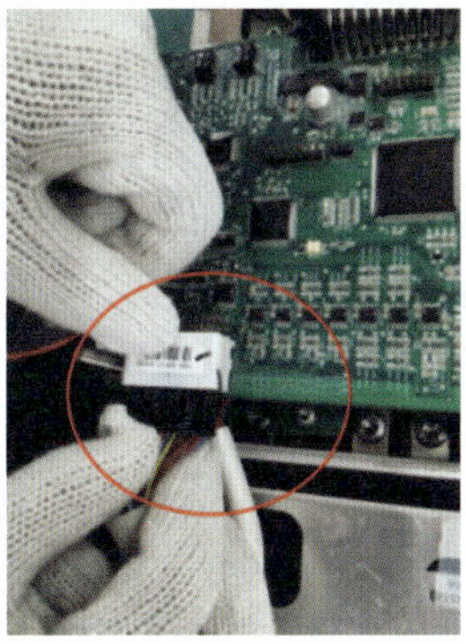 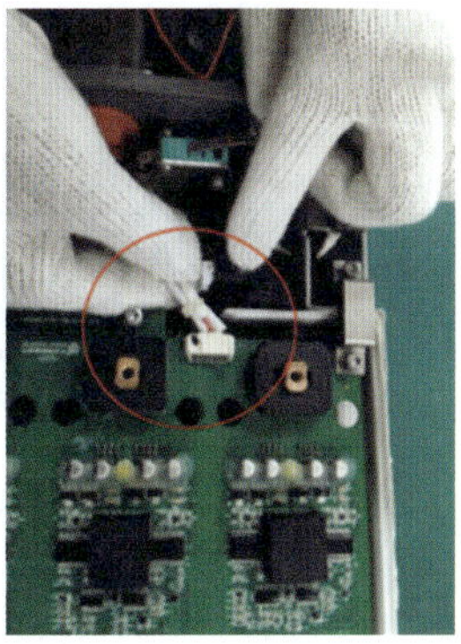

续表

内 容	操作及数据记录	参考结果
（二）实训内容			
驱动电机控制器拆解完成	如右图所示，驱动电机控制器拆解完成	

操作练习2　　高压电控总成的更换

内 容	操作及数据记录	参考结果
（一）准备			
1. 穿好实训服，佩戴好手套；2. 世达工具一套、笔记本和笔			
（二）实训内容			
安装车辆内/外三件套	如右图所示，首先安装车辆室内主驾四件套和前舱三件套	
断开蓄电池负极	如右图所示，佩戴好绝缘手套，拧开负极的紧固螺母后，用一字螺丝刀慢慢撬开紧固块，拔出负极接头	

续表

内　容	操作及数据记录	参考结果
（二）实训内容			
拆解扶手箱	如右图所示，按对角依次拆下主/副驾之间的扶手箱上的 4 颗固定螺栓，取出扶手箱	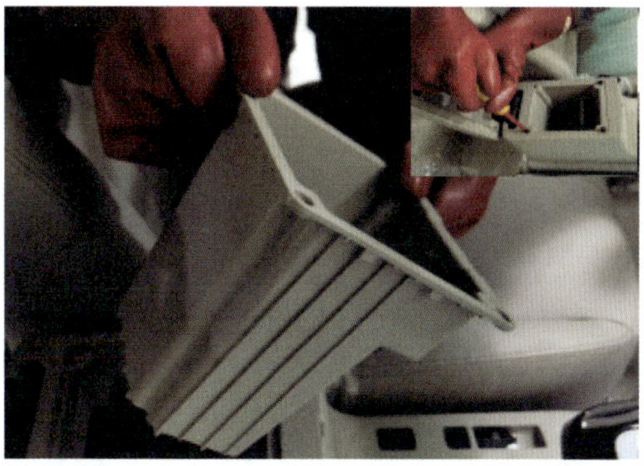
断开高压维修开关	如右图所示，拆下维修开关盖板上的 4 颗固定螺栓，取出维修开关盖板；拔下维修开关后，等待 10min，确保高压残余电量耗尽	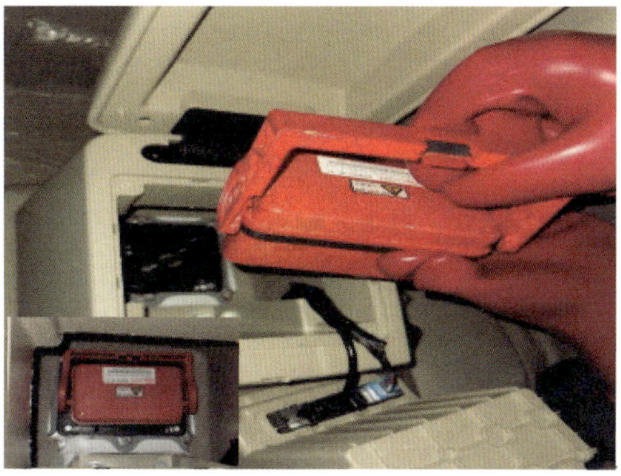
拆解快充线束	按住插接件锁止卡扣，往外拔快充线束插接件，直至拔出。 注意：插接件锁止卡扣一定要按压到底，避免拔除快充线束的过程中损坏插接件	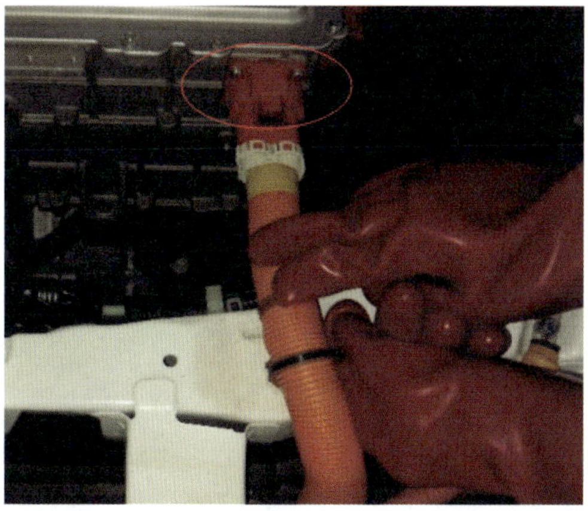
拆解慢充线束	按住插接件锁止卡扣，往外拔慢充线束插接件，直至拔出。 注意：插接件锁止卡扣一定要按压到底，避免拔除快充线束的过程中损坏插接件	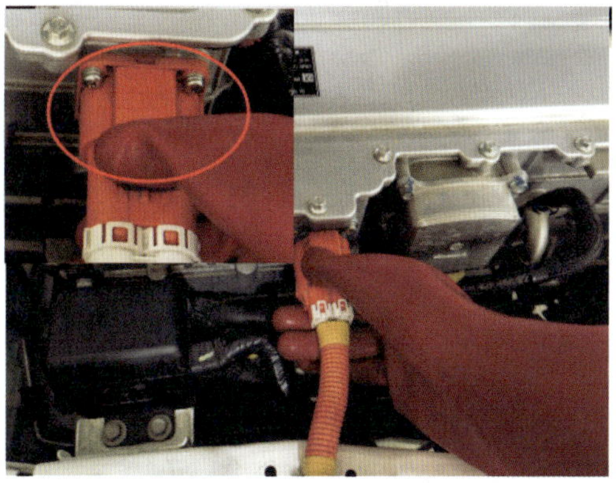

续表

内　容	操作及数据记录	参考结果
（二）实训内容			
拆解驱动电机线束	如右图所示，拆下驱动电机三相输出线束插接件上的 4 颗固定螺栓，拔下驱动电机线束	
拆解动力电池正负极母线插接件	按住插接件锁止卡扣，往外拔动力电池正负极母线插接件，直至拔出。 注意：插接件锁止卡扣一定要按压到底，避免拔出动力电池正负极母线的过程中损坏插接件	
拆解 33pin 低压信号插接件	如右图所示，按住插接件锁止卡扣，拔下 33pin 低压信号插接件	
拆解低压正极导线	如右图所示，拆下低压正极导线上的固定螺栓	

续表

内　容	操作及数据记录	参考结果
（二）实训内容		
拆解64pin低压信号插接件	如右图所示，按住插接件锁止卡扣，拔下64pin低压信号插接件	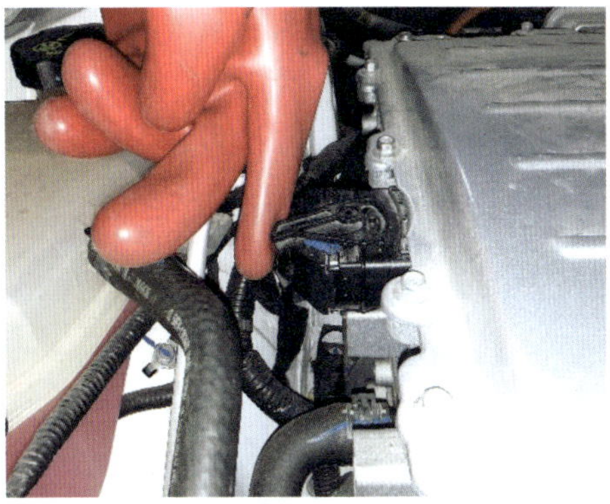
拆解左侧搭铁线束	如右图所示，拆下高压电控总成左侧搭铁线束上的固定螺栓，移除搭铁线束	
拆解右侧搭铁线束	如右图所示，拆下高压电控总成右侧搭铁线束上的固定螺栓，移除搭铁线束	
拆解前舱配电盒	如右图所示，拆下前舱配电盒Ⅱ上的2颗固定螺栓，将冷却液水管从高压电控总成挂钩中取出	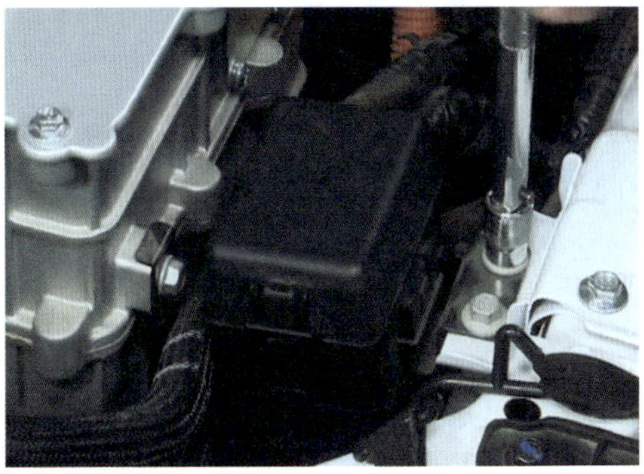

续表

内　容	操作及数据记录	参考结果
（二）实训内容		
拆解 PTC 水加热系统储液罐	如右图所示，拆下 PTC 水加热系统储液罐上的 2 颗固定螺栓，移除 PTC 水加热系统储液罐	
拆解进水管	如右图所示，松开高压电控总成进水管固定卡扣，松开高压电控总成进水管卡箍，拔下高压电控总成进水管	
拆解出水管	如右图所示，松开高压电控总成排气管卡箍，拔下高压电控总成排气管；松开高压电控总成出水管卡箍，拔下高压电控总成出水管	
拆下高压电控总成前部的 2 颗固定螺栓	如右图所示，拆下高压电控总成前部的 2 颗固定螺栓	

续表

内　容	操作及数据记录	参考结果
（二）实训内容			
拆下高压电控总成左侧的2颗固定螺栓	如右图所示，拆下高压电控总成左侧的2颗固定螺栓	
拆下高压电控总成右侧的2颗固定螺栓	如右图所示，拆下高压电控总成右侧的2颗固定螺栓	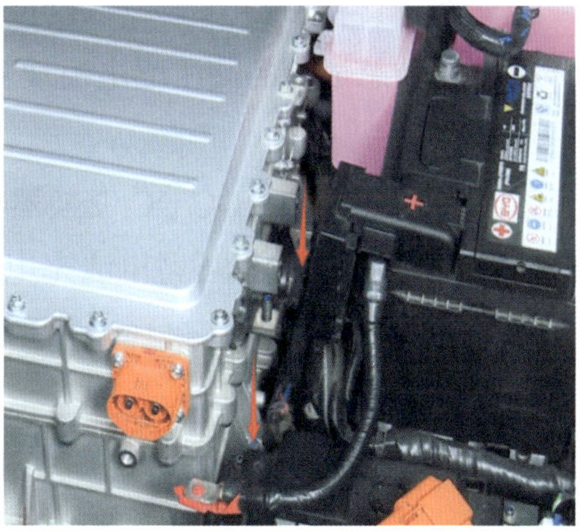
拆解电动压缩机高压线束固定卡扣	如右图所示，拆解电动压缩机高压线束固定卡扣	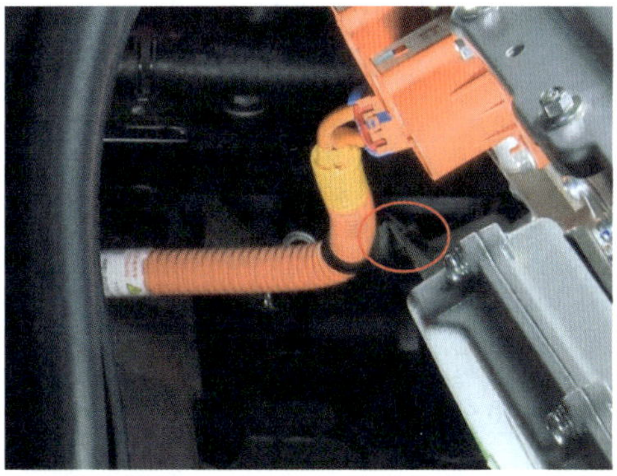
抬出高压电控总成	如右图所示，将高压电控总成从前舱中小心抬出，放在防静电工作台上	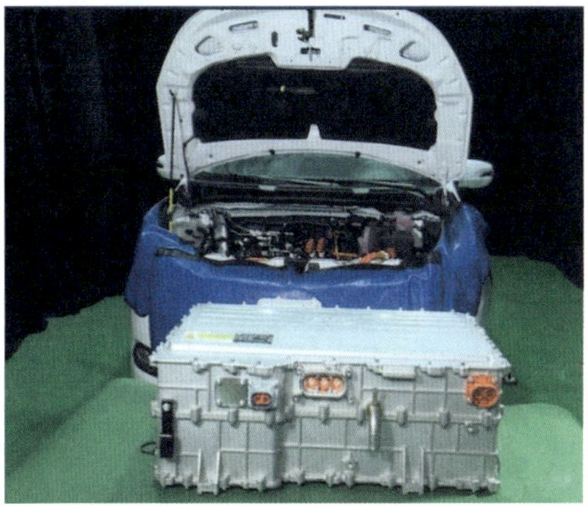

续表

内　容	操作及数据记录	参考结果
（二）实训内容		
高压电控总成拆解完成，安装时按以上相反顺序进行		
（三）整理场地		
1. 检查车辆、工具、设备是否恢复原位；2. 检查场地是否被清理并保持清洁		

习 题

1. "高压四合一"指的是_____、_____、_____、_____。

2. 慢充充电具有_____功能，还具有 VTOV、VTOL 放电功能。

3. 高压电控总成内的高压配电模块完成动力电池电源的_____，实现对支路用电器的保护及切断。

4. 高压电控总成内的 DC/DC 变换器将动力电池的_____转换为_____，为整车低压用电系统供电及给低压蓄电池充电。

任务评价

请根据任务的完成情况，对自己的工作进行评估、总结。

评分内容	自　评	互　评	教 师 评
遵守安全规范操作（10分）			
遵守课堂纪律（10分）			
学生面貌（10分）			
课堂氛围（10分）			
团队合作（10分）			
知识与技能（20分）			
过程与方法（20分）			
完成本任务实训工单（10分）			
总分（100分）			

学习单元 5

驱动电机及控制器热管理系统检修

情境引入

一辆纯电动汽车到店维修,检查后发现仪表板上显示驱动电机温度过高的故障指示灯亮,技术总监初步判断为驱动电机及控制器热管理系统故障。你知道驱动电机及控制器热管理系统的组成结构和工作原理吗?请你针对驱动电机温度过高的故障进行诊断与排除。

任务目标

知识目标

1. 能叙述汽车热管理系统部件。
2. 能叙述驱动电机及控制器热管理系统的组成结构。
3. 能掌握驱动电机及控制器热管理系统的常见故障诊断与排除方法。
4. 能够思路清晰地进行交流展示,说明自己的工作计划或成果。

技能目标

1. 能根据作业项目,小组探讨,确定驱动电机及控制器热管理系统维修实施方案,根据实训工单做好工作前场地、工具、防护用具的准备。
2. 能根据维修手册要求,在小组合作下有效完成驱动电机及控制器热管理系统部件的检修与更换。
3. 能依据维修手册规范安全地进行驱动电机及控制器热管理系统故障排除,搜集和整理相关资料,并完成实训工单的填写。

新能源汽车驱动电机控制技术

> 🎯 **素质目标**

1. 能做好工作记录的整理与总结反思，正确规范地填写实训工单，在工作过程中严格执行企业的作业规范及安全生产、环保管理、6S 管理等制度。

2. 能独立分析与解决问题，具备沟通协调、团队合作、自主学习、诚实守信等职业素养，同时具有崇尚劳动、爱岗敬业、专注严谨、精益求精的工匠精神。

3. 在使用新能源汽车的过程中，遵守注意事项，树立安全意识，从中积极培育和践行大国工匠精神，提升家国情怀。

思考与成长

工匠精神就像一座灯塔，它指引着人们向前，激发我们对工作和生活的热爱和热情，促进社会的进步和发展。作为一名学生，我们要从小事做起，从学习生活中找到快乐和成就感，在追求个人目标的同时，为人类文明和社会发展做出贡献。

知识解析

5.1 汽车热管理系统概述

汽车热管理的概念及系统组成，从各部件系统的角度出发，统筹调控车辆与环境的热量，通过一定的手段或方法，保障车辆各部件工作在最佳的温度范围，确保车辆安全性的同时，提高经济性能、动力性能和节能环保性能。

传统汽车热管理系统主要有发动机热管理系统、变速箱冷却系统及乘员舱空调系统，新能源汽车热管理系统有电机/电控热管理系统、电池热管理系统及乘员舱空调热管理系统。热管理性能关系到乘员舱的舒适性、电驱动系统的工作可靠性、动力电池安全高效运转性能。优秀的汽车热管理系统可以提高车辆的综合能效，从而提高车辆的续驶里程，延长动力电池、驱动电机及功率开关器件的使用寿命，如图 5-1 所示。

以吉利帝豪 EV450 电动汽车为例，其汽车热管理系统分为 3 个部分：电机/电控热管理系统、电池热管理系统、乘员舱空调热管理系统，如图 5-2 所示。

汽车热管理系统包括一个制冷系统（R134a）和三条冷却液回路（水和乙二醇）。制冷系统有两条制冷回路，一条用于乘员舱空调制冷，另一条通过热交换器给动力电池降温。三条冷却液回路分别为动力电池冷却液回路、电驱动系统冷却液回路和正温度系数（PTC）加热冷却液回路。动力电池冷却液回路与电驱动系统冷却液回路公用一个膨胀阀，PTC 加热冷却液回路单独使用一个膨胀阀，如图 5-3 所示。

吉利帝豪 EV450 电动汽车的 PTC 加热冷却液回路有两个换热器，一个是位于乘员舱空调箱总成风道中的加热芯体,另一个集成于热交换器中。吉利帝豪 EV450 的热交换器如图 5-4 所示。热交换器可以完成动力电池冷却液的加热和冷却,确保动力电池在最理想的温度下工作。

图 5-1 汽车热管理系统

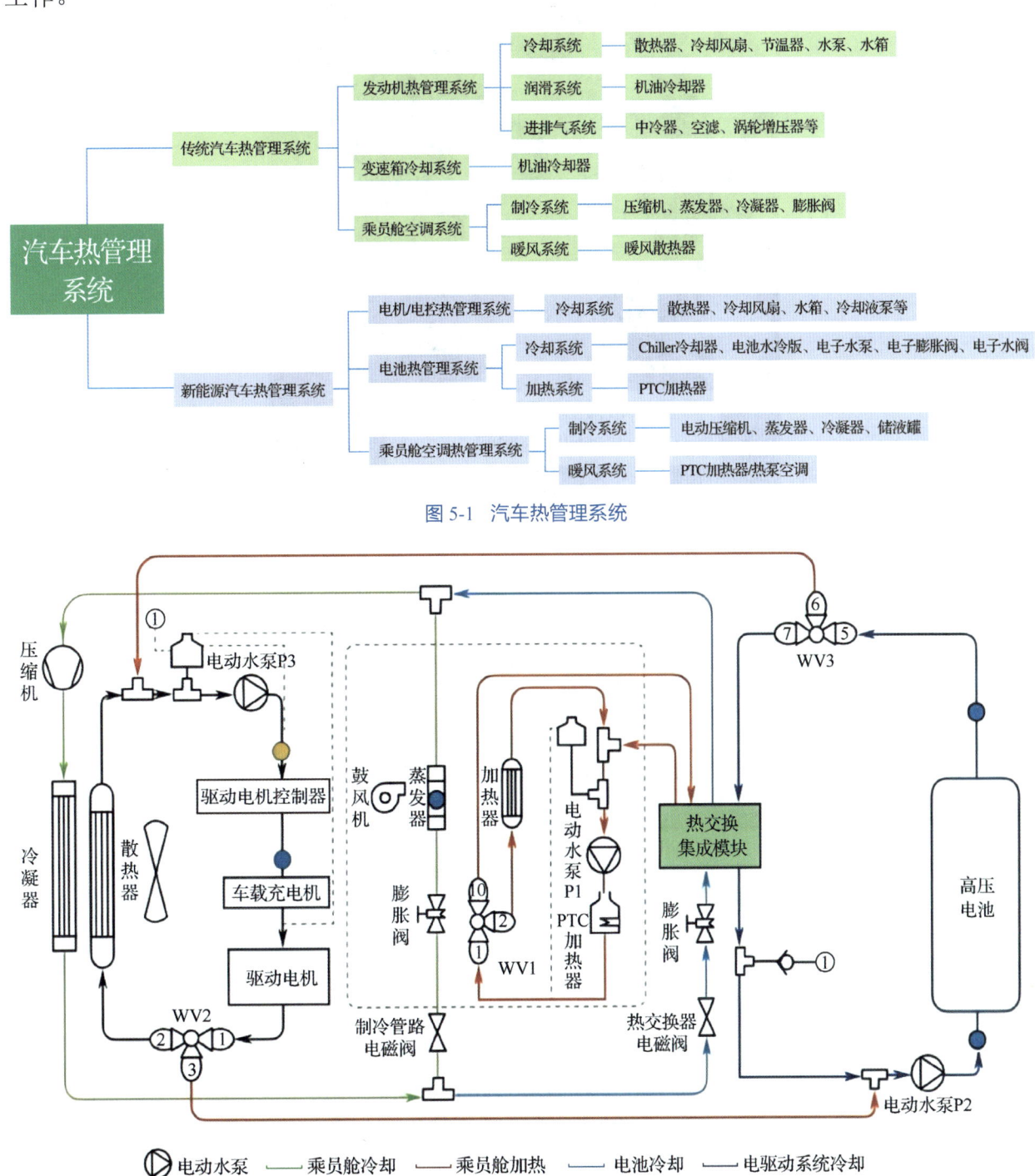

图 5-2 吉利帝豪 EV450 电动汽车热管理系统

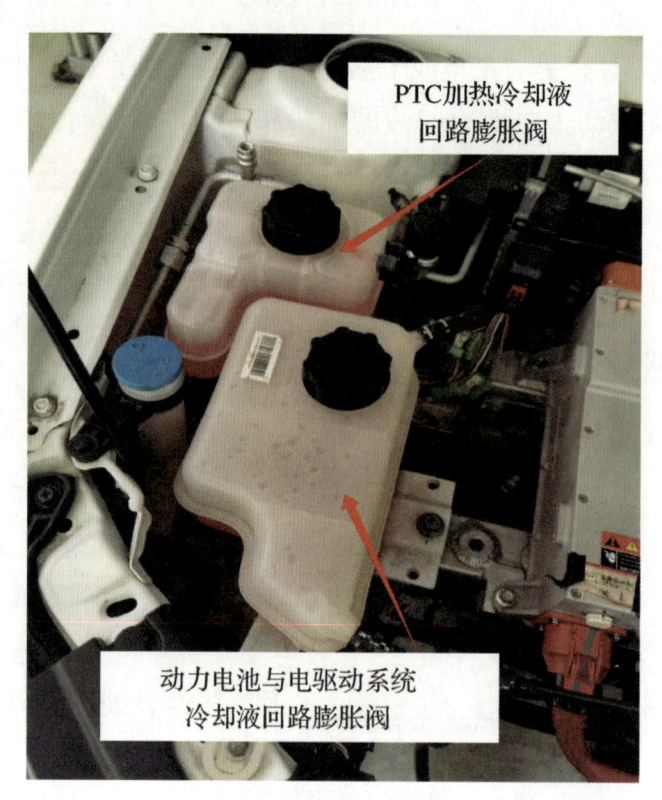

图 5-3 PTC 加热冷却液回路及动力电池与电驱动系统冷却液回路膨胀阀

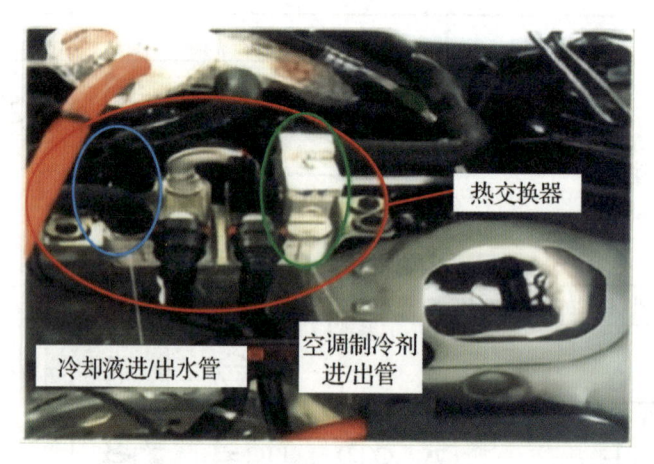

图 5-4 吉利帝豪 EV450 的热交换器

吉利帝豪 EV450 汽车热管理系统的电气原理图如图 5-5 所示,热管理控制器为空调控制器,接收阳光传感器、室外温度传感器、蒸发器温度传感器(空调制冷)、动力电池温度传感器(BMS 通过 CAN 传送)、加热器温度传感器、电机温度传感器(整车控制器通过 CAN 传送)、空调压力开关等信号,通过调速模块控制的鼓风机、风向调节电机、内外循环电机、冷暖风调节电机、电动压缩机、PTC 加热器、PTC 水泵等完成乘员舱的制冷与制热(空调)功能;通过控制热交换电磁阀、制冷电磁阀、PTC 水泵(P1)、动力电池水泵(P2)、冷却液回路的 3 个三通电磁阀、PTC 加热器、电动压缩机等完成动力电池冷却、加热和电驱动系统的冷却、加热。其中,电动水泵(P3)、冷凝器与散热器的冷却风扇由整车控制器控制。

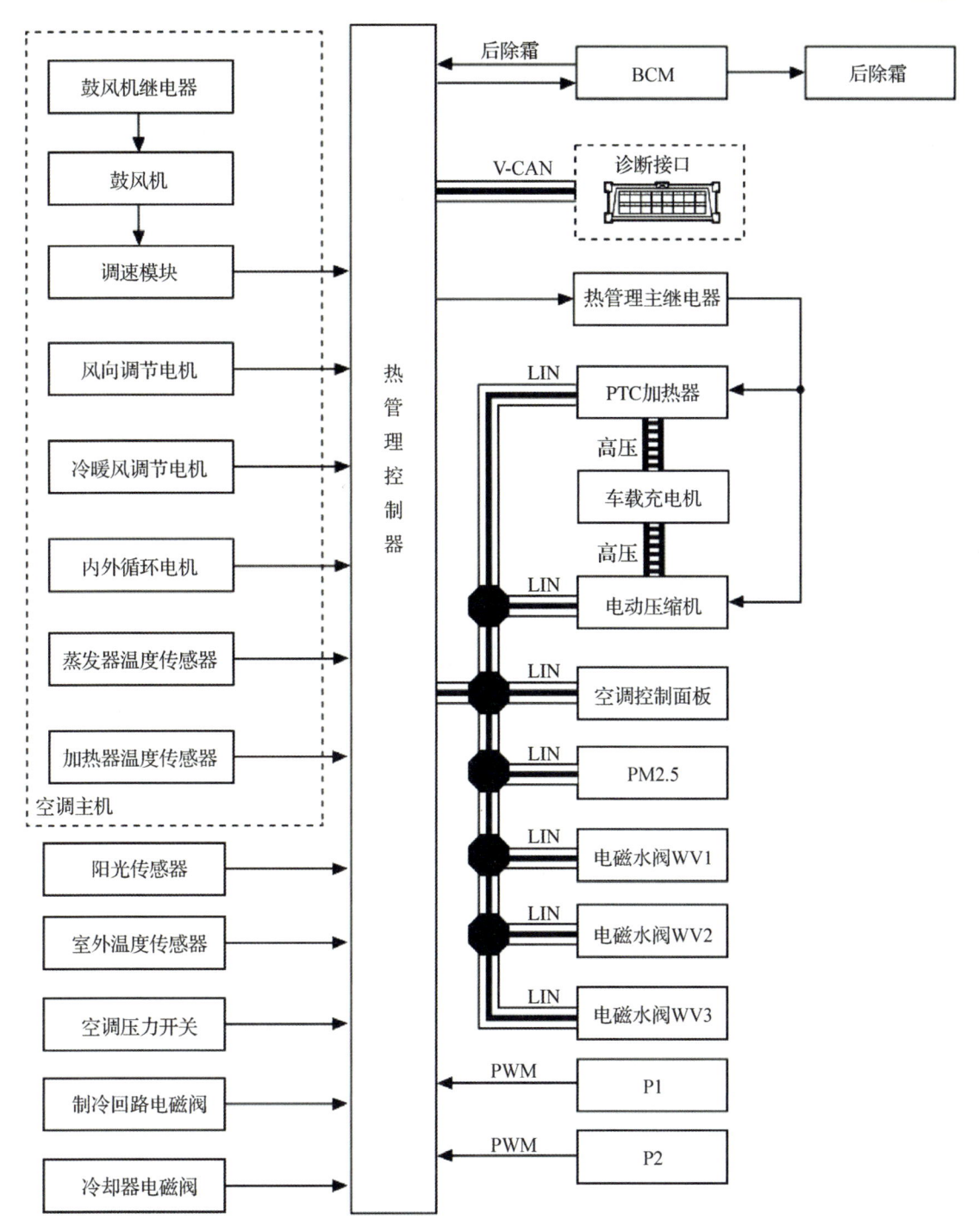

图 5-5　吉利帝豪 EV450 汽车热管理系统的电气原理图

5.2　驱动电机及控制器热管理系统的组成结构与工作原理

5.2.1　新能源汽车空调系统的工作原理

新能源汽车空调系统的基本原理与传统燃油汽车相同，都是利用冷凝放热、蒸发吸热对乘员舱降温；二者的区别在于空调压缩机，传统燃油汽车的空调压缩机是由发动机带动的，新能源汽车的空调压缩机是采用电驱动的电动压缩机，目前主要使用涡旋结构压缩机对制冷剂（冷媒）进行压缩。

新能源汽车的制热模式和传统燃油汽车大有不同，传统燃油汽车的制热模式是将发动机的余热通过冷却液传到车厢进行升温，但是纯电动汽车没有发动机，就不存在发动机给车厢升温的过程。因此，纯电动汽车采用了其他的制热模式给车厢升温。以下总结了两种常见的新能源汽车的制热模式。

（1）驱动电机的发热。

驱动电机的发热来源于电机驱动过程中的各种损耗，包括基本铜损耗、基本铁损耗、机械损耗和附加损耗等。

基本铜损耗是指绕组流过电流产生的电阻损耗。三相交流永磁同步电机的基本铜损耗只产生于定子绕组中，故三相交流永磁同步电机的温度传感器安装于定子绕组上。三相交流异步电机的定子和转子绕组中均存在电流，故其定子和转子均会产生基本铜损耗。

基本铁损耗是指定子铁芯和转子铁芯的轭部通过交变磁通引起铁芯损耗，包括磁滞损耗与涡流损耗两部分。

机械损耗是指轴承、转子等旋转部件高速旋转时产生的摩擦损耗。

附加损耗几乎全部以热量的形式释放。如果得不到有效的冷却，驱动电机的内部温度会不断升高，导致效率下降，如果温度过高，就会造成内部烧蚀甚至击穿导致驱动电机损毁。另外，由于永磁同步电机的转子为磁性材料，温度升高会导致磁性材料性能下降，出现退磁现象。因此，冷却对于驱动电机的安全运行尤为重要。

（2）半导体功率开关器件的发热。

驱动电机控制器、DC/DC 变换器、车载充电机等部件均使用半导体功率开关器件来完成电源的变换（逆变、整流、升压、降压）。半导体功率开关器件的最佳工作温度为 40~50℃，一般允许的最高温度为 60~70℃。半导体功率开关器件在高速开关时，会产生大量的热量，若温度过高，则会导致半导体功率开关器件结点、阻值增大、电路受损，甚至烧坏，为了确保半导体功率开关器件的可靠运转，需要对其进行冷却。电动汽车半导体功率开关器件的功率比较大，多采用水冷方式。在驱动电机控制器、DC/DC 变换器和车载充电机中设置冷却板，冷却板与 IGBT 等半导体功率开关器件贴合，利用流过冷却板的冷却液将热量带走。图 5-6 所示为吉利帝豪 EV450 驱动电机控制器及 DC/DC 变换器总成内部冷却液道布置示意图。

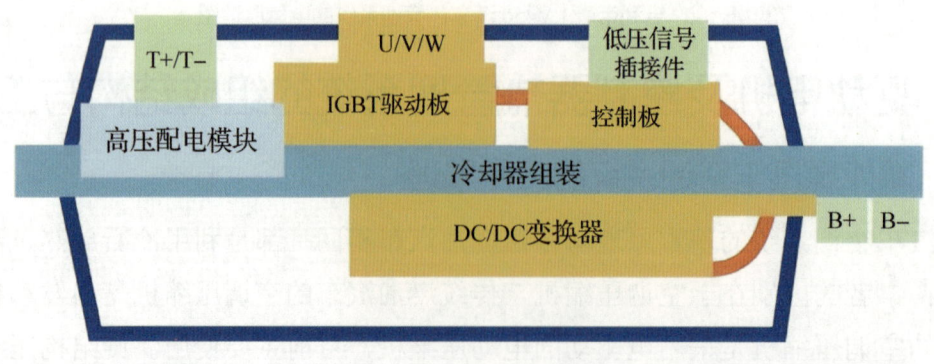

图 5-6 吉利帝豪 EV450 驱动电机控制器及 DC/DC 变换器总成内部冷却液道布置示意图

5.2.2 电驱动冷却系统的组成结构与工作原理

图 5-7 所示为某车型电驱动冷却系统的冷却液道布置示意图。

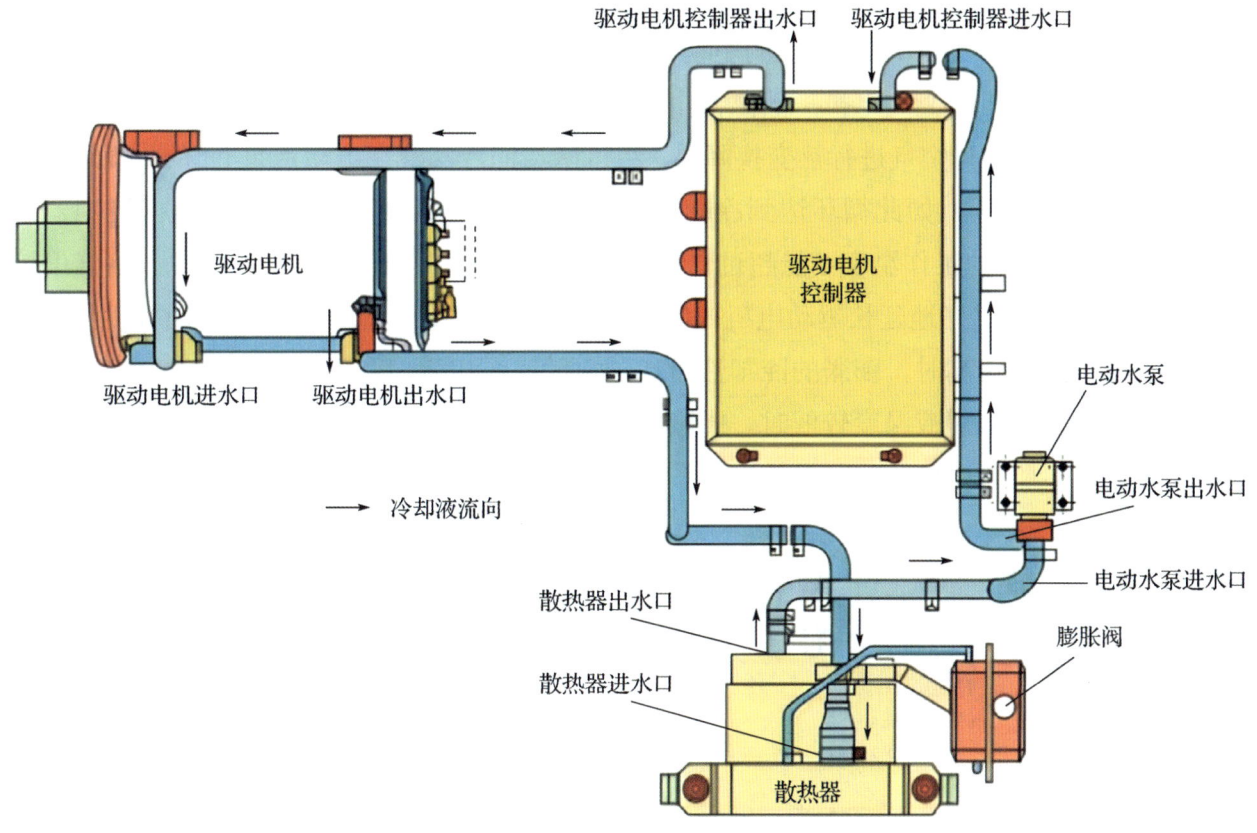

图 5-7　某车型电驱动冷却系统的冷却液道布置示意图

冷却液从散热器出水口流出后，先经过电动水泵进入驱动电机控制器进行冷却，然后进入驱动电机进水口，从驱动电机出水口回流到散热器进水口，从而完成对驱动电机控制器的冷却。为了保证整个系统的冷却效果和可靠性，电动水泵需要在车辆的整个运行过程中持续工作，同时为了节约车载能源，散热器的风扇采用温控风扇，可以根据冷却液的温度控制启停和转速。当冷却液温度较低时，可以关闭风扇以节约电能；当冷却液温度稍高时，风扇以一个较低的转速对散热器进行冷却；当冷却液温度较高时，风扇会高速转动，以获得最大的散热量，维持散热系统温度在允许的范围内。

5.3　吉利帝豪 EV450 驱动电机及控制器热管理系统

5.3.1　驱动电机及控制器热管理系统的总体构造

吉利帝豪 EV450 电动汽车热管理系统分为 3 个部分：电机/电控热管理系统、电池热管理系统、乘员舱空调热管理系统。其中，冷却液为驱动电机、车载充电机、驱动电机控制器及 DC/DC 变换器总成这三大部件进行循环散热。驱动电机及控制器热管理系统部件主要包括电动水泵（P3）、冷却液回路、三通电磁阀（WV2）、散热器、压缩机、蒸发器和膨胀阀等，如图 5-2 所示。

驱动电机控制器开始工作时，电动水泵 P3 会立即打开，冷却液温度传感器向热管理控制单元提供温度信号。在电动水泵 P3 的驱动下，冷却液依次在驱动电机控制器及 DC/DC 变换器总成—车载充电机—驱动电机—散热器中流动，冷却液从驱动电机控制器等发热部件中吸收热量，流入散热器与空气进行热交换降温，经过降温的冷却液在电动水泵 P3 的推动下，流入发热部件吸收热量，如此循环达到冷却电驱动系统发热部件的目的。驱动电机控制器及 DC/DC 变换器总成的工作温度不能超过 75℃，最合适的工作温度应该低于 65℃。将温度控制在 75℃ 以下可以更好地延长驱动电机控制器及 DC/DC 变换器总成和驱动电机的使用寿命。当系统冷却液温度较高时，膨胀的冷却液可通过电动水泵出水口和车载充电机出口膨胀管流入膨胀罐；当系统冷却液温度较低时，膨胀罐中的冷却液经电动水泵进水口流进系统，确保系统可靠散热。驱动电机及控制器热管理系统主要部件的位置如图 5-8 所示。

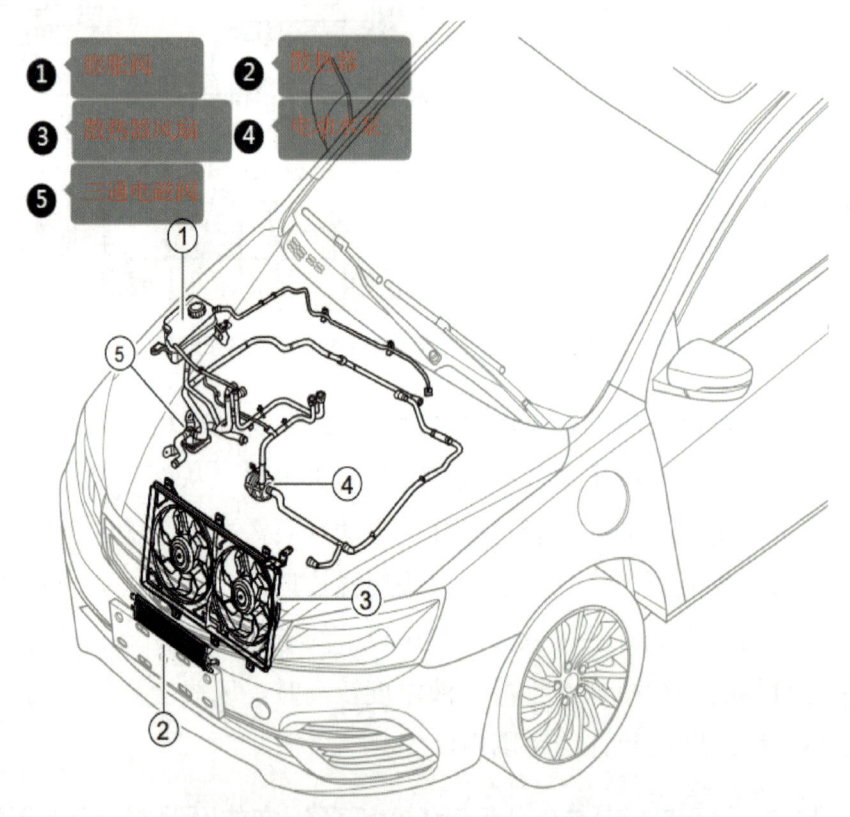

图 5-8　驱动电机及控制器热管理系统主要部件的位置

为了降低非驱动电耗，增加续驶里程，吉利帝豪 EV450 将驱动电机及控制器热管理系统冷却与动力电池加热相结合。当车辆处于行驶状态，动力电池温度低于-10℃，动力电池有加热需求时，热管理控制器控制三通电磁阀 WV2 的 1、3 管路接通，电驱动系统高温冷却液流进动力电池冷却液回路，为动力电池加热。

图 5-9 所示为驱动电机及控制器热管理系统的控制电气原理图。车载充电机与驱动电机

控制器及 DC/DC 变换器总成进水口装有冷却液温度传感器，将冷却液温度信号通过 CAN 传给整车控制器，由整车控制器控制电动水泵 P3 和散热器风扇，以满足不同的冷却需求。

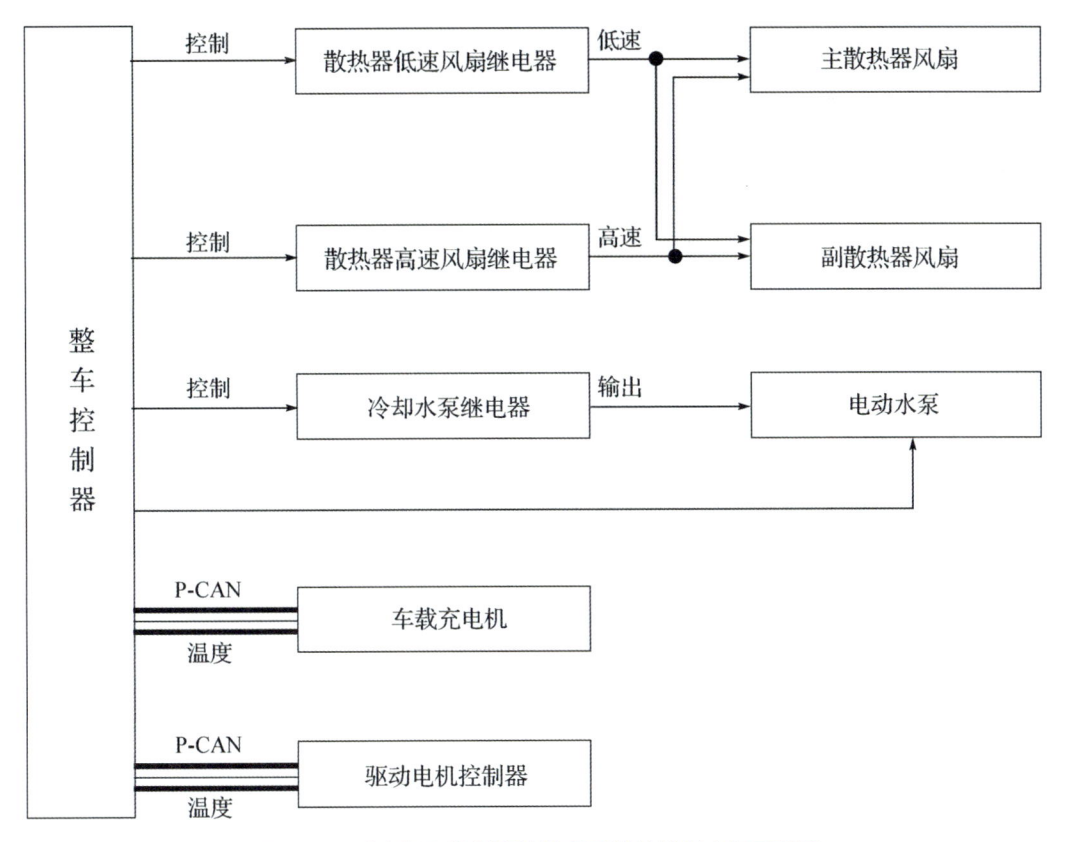

图 5-9　驱动电机及控制器热管理系统的控制电气原理图

驱动电机及控制器热管理系统的散热器与冷凝器公用一个冷却风扇，其控制电路如图 5-10 所示。

当驱动电机及控制器热管理系统的冷却液温度很高时，整车控制器控制 CA67/127 端子拉低（0V），高速风扇继电器 ER13 闭合，冷却风扇 1 和冷却风扇 2 不串入电阻，均高速运转；当驱动电机及控制器热管理系统的冷却液温度很低时，整车控制器控制 CA67/128 端子拉低（0V），低速风扇继电器 ER12 闭合，冷却风扇 1 和冷却风扇 2 串入电阻，均低速运转。

驱动电机及控制器热管理系统的电动水泵采用的是博世 PCE 无刷直流电机冷却水泵，其控制电路如图 5-11 所示。当需要启动电动水泵时，整车控制器控制 CA67/115 端子拉低（0V），冷却水泵继电器 ER04 闭合，给 BV14/3 端子供电，BV14/1 端子直接搭铁，电动水泵工作。整车控制器根据冷却强度的需求，通过 CA67/101 端子输出 PWM 信号，控制电动水泵转速，并进行故障检测。

新能源汽车驱动电机控制技术

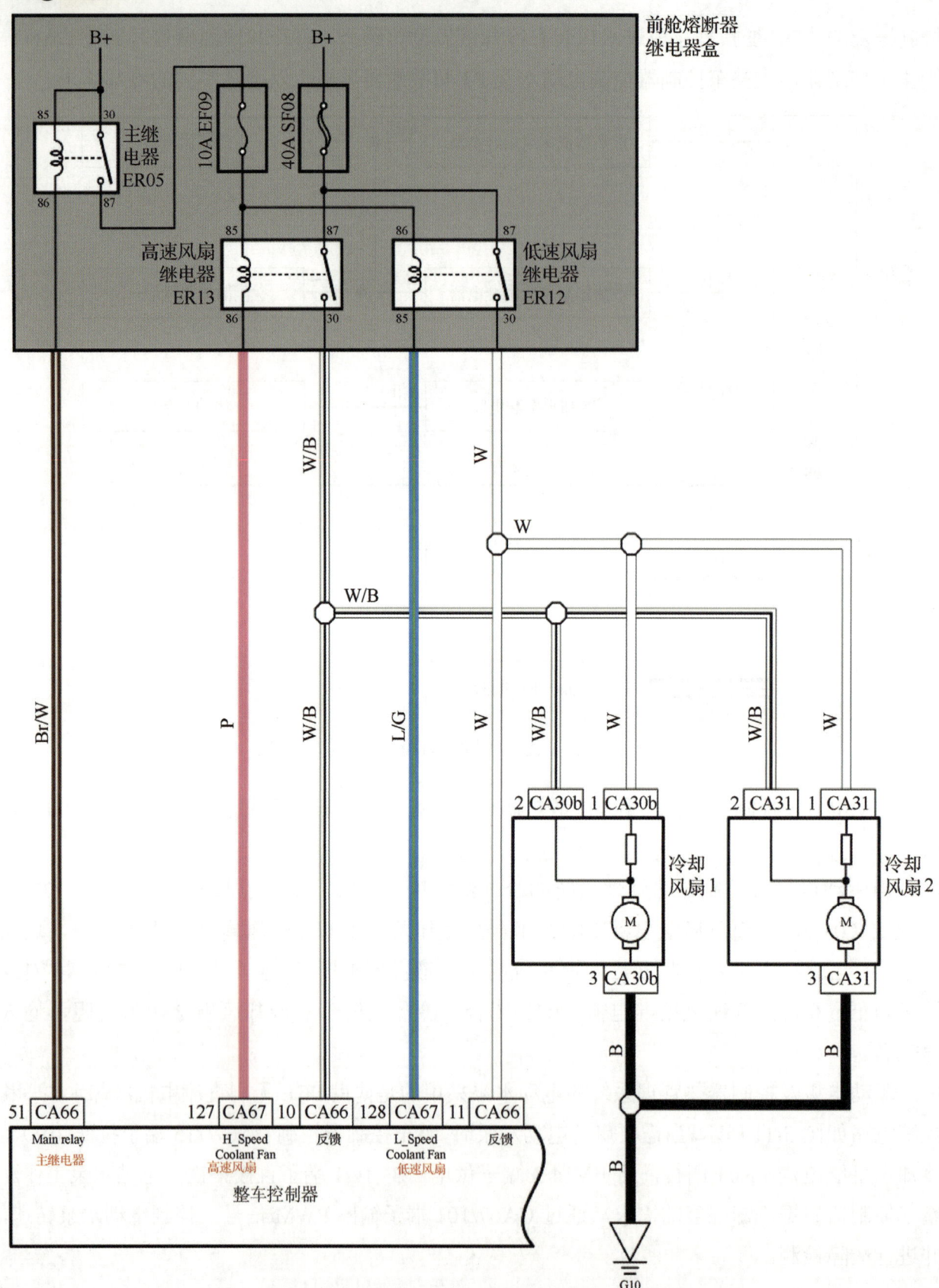

图 5-10 驱动电机及控制器热管理系统的冷却风扇的控制电路

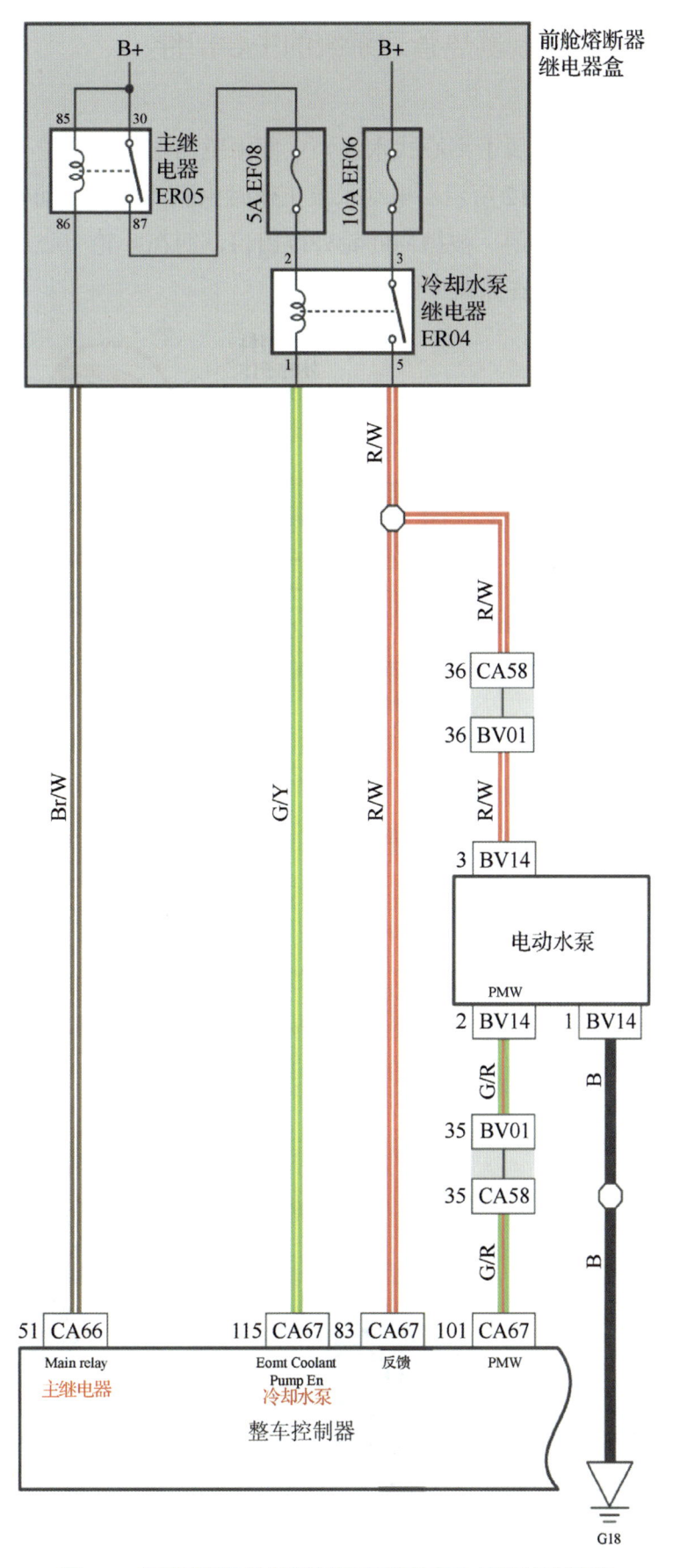

图 5-11 驱动电机及控制器热管理系统的电动水泵的控制电路

5.3.2 驱动电机及控制器热管理系统的主要部件

（1）电动水泵。

电动汽车采用的电动水泵属于离心式水泵，主要由驱动电机、叶轮、泵体、泵盖、挡水圈、泵轴等部件组成，如图 5-12 所示。电动水泵工作时由驱动电机带动叶轮旋转，叶轮的冷却液受到旋转产生的离心力作用，被抛向叶轮外围出口，而在叶轮中心产生低压区，将冷却液从入口吸入，进而使冷却液在系统中循环流动。

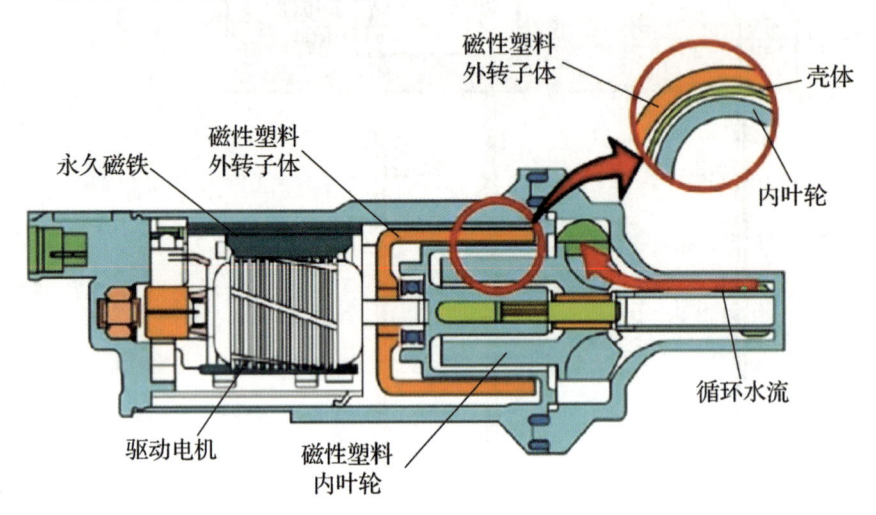

图 5-12 电动水泵

吉利帝豪 EV450 采用的是低压 12V 永磁无刷直流电动水泵（博世 PCE 系列），泵体内的定子和电子元件与转子相分离，浮动式转子与叶轮注塑成一体，两个密封环保护驱动电机防止潮湿。通电时，电子元件通过定子绕组产生可变的磁场，驱动转子（叶轮），从而实现液体流动，电子系统由压铸盖冷却，如图 5-13 所示。这种设计优化了内部液压部分的结构，效率相对于传统离心式水泵提高了 39%，而且结构紧凑、质量轻、液压范围广、噪声低、可靠性高、使用寿命更长，可根据用户需求调节电子信号和流量。

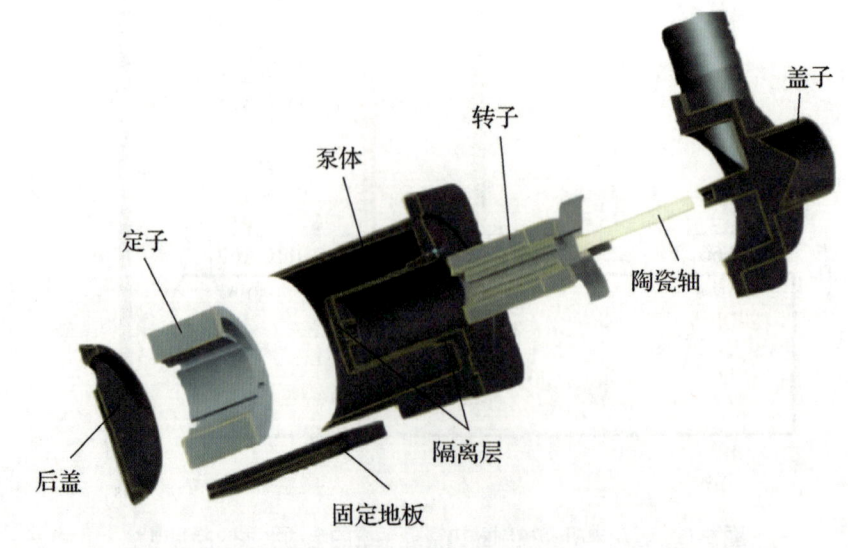

图 5-13 低压 12V 永磁无刷直流电动水泵（博世 PCE 系列）的结构

该电动水泵由整车控制器通过 PWM 信号进行转速控制，从而调节流量。该电动水泵具备故障自诊断功能，不同的失效模式（如温度过高、堵转等）会报告给控制单元。如果故障持续时间超过预定时长，电动水泵默认为"紧急模式"，则会降低功率，以确保电驱动系统得到适当的冷却。电动水泵严禁在没有冷却液的情况下空载运行，否则将导致转子、定子磨损，最终导致电动水泵损坏。

（2）膨胀罐与膨胀罐盖。

膨胀罐是一个透明的塑料罐，通过水管与散热器连接，随着冷却液的温度逐渐升高与膨胀，部分冷却液从散热器和驱动电机中流入膨胀罐，散热器和冷却液道中滞留的空气也被排入膨胀罐。车辆停止运行后，冷却液自动冷却并收缩，先前排出的冷却液被吸回散热器。其作用是使散热器中的冷却液保持在合适的高度，并提高冷却效率。当冷却系统处于冷态时，冷却液液面应保持在膨胀罐上的 L（最低）和 F（最高）标记之间，如图 5-14 所示。

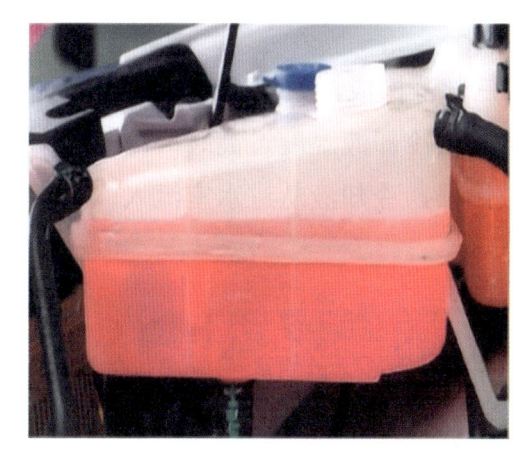

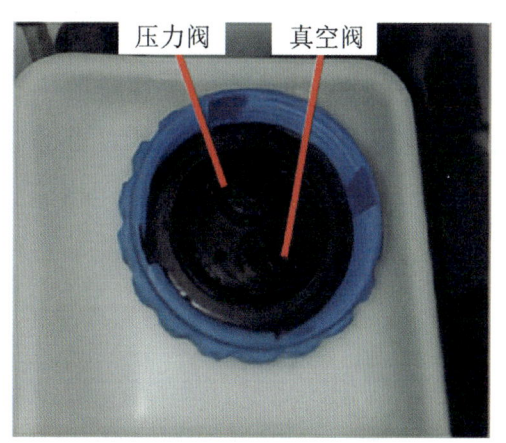

图 5-14 膨胀罐

膨胀罐盖的主要功能：密封冷却系统；调高冷却系统的运行压力，提高冷却液沸点；减少冷却液外溢及蒸发损失。

膨胀罐盖主要由密封圈、压力阀、真空阀组成。膨胀罐盖的作用除了密封冷却系统，还可以利用其内部的压力阀和真空阀，在适当的时候调节冷却系统的压力。

当冷却液的温度逐渐升高时，冷却液蒸发使冷却系统内的压力增高。当压力超过预定值时，压力阀开启进行泄压，一部分冷却液经溢流管流入膨胀罐，以防冷却液胀裂散热器等部件，如图 5-15（a）所示。

当车辆停止运行时，冷却液的温度下降，冷却系统内的压力也随之降低，水蒸气冷凝。

当散热器内的压力降到大气压以下出现真空时，真空阀开启，膨胀罐内的一部分冷却液流回散热器，这样可以避免散热器被压瘪，如图 5-15（b）所示。

(a)压力阀开启　　　　　　　　　　　　　　(b)真空阀开启

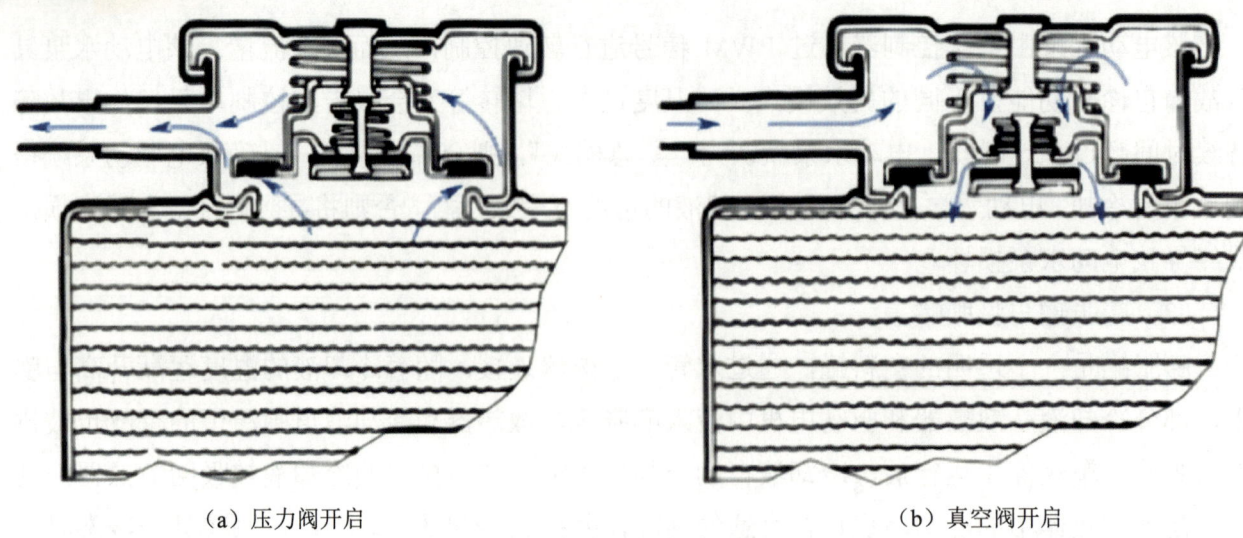

图 5-15　膨胀罐盖的工作状态

（3）散热器。

散热器由进水室、出水室、主片及散热器芯三部分构成，如图 5-16 所示。冷却液在散热器内流动，利用周围空气把冷却液中的热量带走。当冷却液温度过高时，冷却风扇启动，加快冷却液的散热。纯电动汽车大多采用横流式散热器，冷却液从进水室流入，经过管道散热后，流入出水室，从出水管重新流入冷却管路循环。

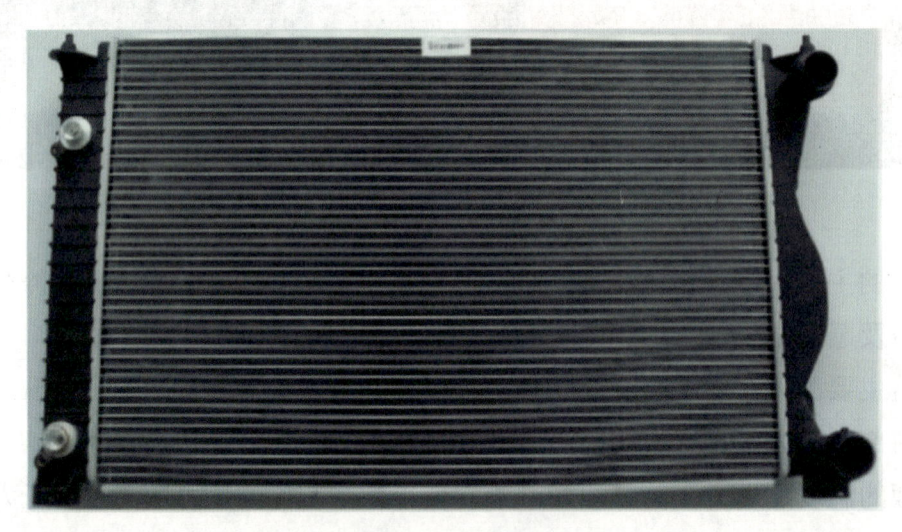

图 5-16　散热器

（4）冷却风扇。

冷却风扇安装在散热器的后部，它可以增大散热器和冷凝器的通风量，有助于加快车辆低速行驶时的冷却速度。冷却风扇采用双风扇、高低速的控制模式，通过两个不同的电机驱动扇叶。冷却风扇由整车控制器利用冷却风扇低速继电器和冷却风扇高速继电器直接控制，在低速电路中，采用串联调速电阻的方式改变冷却风扇的转速，如图 5-17 所示。

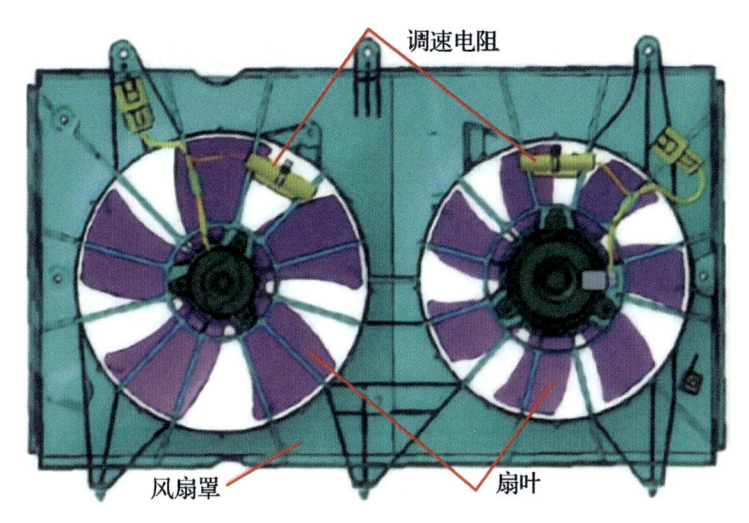

图 5-17 冷却风扇

（5）冷却液。

吉利帝豪 EV450 采用的冷却液为符合 NB/SH/T 0521—2010 要求的电机用乙二醇型冷却液（防冻液），冰点≤-40℃，禁止使用普通清水。驱动电机冷却液不能混用，冷却液加注量为 5.5L。

5.4　吉利帝豪 EV450 驱动电机及控制器热管理系统检修

5.4.1　电动水泵检测

吉利帝豪 EV450 驱动电机及控制器热管理系统的电动水泵由整车控制器控制，整车控制器对驱动电机冷却系统的温度进行监控，通过 PWM 信号调节电动水泵的流量。车辆启动时，电动水泵开始工作（仪表板显示 READY）。电动水泵的电路图如图 5-11 所示，其中 BV14/1 为电动水泵接地线，BV14/2 为电动水泵调速控制线（PWM 信号），BV14/3 为电动水泵供电线。

1）电动水泵供电检测

（1）关闭启动开关，断开蓄电池负极接线柱，拔下电动水泵 BV14 插接件。

（2）操作启动开关至 ON 挡，用万用表测量电动水泵的供电电压，标准值如表 5-1 所示。

表 5-1　电动水泵供电检测

测量位置	标准值/V	检测目的
BV14/3—接地	13～14	检测电动水泵供电线是否正常
BV14/1—蓄电池正极	13～14	检测电动水泵接地线是否正常
CA67/83—接地	13～14	检测冷却水泵继电器 ER04 是否有电压输出
EF06（10A）— 接地	13～14	检测 EF06 供电熔丝是否正常
EF08（5A）— 接地	13～14	检测是否有电压输出到 EF08 熔丝
CA66/51—接地	13～14	检测主继电器 ER05 线圈控制线是否正常
CA67/115—接地	13～14	检测冷却水泵继电器 ER04 线圈控制线是否正常

2）冷却水泵继电器检测

关闭启动开关，断开蓄电池负极接线柱，拔下冷却水泵继电器 ER04，用万用表检测该继

电器，标准值如表 5-2 所示，若不符合标准值，则该继电器损坏。

表 5-2 冷却水泵继电器检测

测量位置	标准值/Ω	检测目的
继电器接点 1 号—2 号	80～120	检测继电器线圈是否正常
继电器接点 3 号—5 号	∞	检测继电器常开触点是否正常
继电器接点 3 号—5 号（1 号与 2 号接工作电压）	<1	检测继电器触点是否正常工作

3）电动水泵控制线路检测

（1）关闭启动开关，拔下电动水泵 BV14 插接件、线束插接件 CA67。

（2）用万用表测量电动水泵控制线路，标准值如表 5-3 所示。

表 5-3 电动水泵控制线路检测

测量位置	标准值	检测目的
BV14/3—CA67/101	<10	检测线束是否导通
BV14/3 —接地	∞ Ω	检测线束是否对地短路
BV14/3 — 接地（启动开关 ON 挡）	0 V	检测线束是否对电源短路

5.4.2 冷却风扇检测

冷却风扇开启条件：冷却风扇开启与否取决于空调和冷却液温度这两个重要因素。当空调开启或冷却液温度高于 65℃时，冷却风扇开始工作。

冷却风扇停止条件：如果驱动电机控制器的冷却液温度低于 65℃，并且空调关闭，则冷却风扇停止工作。关闭启动开关，空调关闭，驱动电机控制器的冷却液温度高于 65℃，冷却风扇继续工作，如果环境温度低于 10℃，则冷却风扇会继续工作 30s；如果环境温度高于 10℃，则冷却风扇会继续工作 60s。

冷却风扇的电路图如图 5-10 所示，其中各端子定义如表 5-4 所示。

表 5-4 冷却风扇电路各端子定义

端子	定义
CA66/51	主继电器控制线
CA67/127	高速风扇继电器控制线
CA67/128	低速风扇继电器控制线
CA66/10	高速风扇继电器反馈线
CA66/11	低速风扇继电器反馈线
CA30b/2	冷却风扇 1 高速供电线
CA30b/1	冷却风扇 1 低速供电线
CA30b/3	冷却风扇 1 接地线
CA31/2	冷却风扇 2 高速供电线
CA31/1	冷却风扇 2 低速供电线

续表

端　子	定　义
CA31/3	冷却风扇 2 接地线
SF08（40A）	冷却风扇供电熔丝
EF09（10A）	冷却风扇继电器熔丝

（1）冷却风扇继电器熔丝检测，标准值如表 5-5 所示。

表 5-5　冷却风扇继电器熔丝检测

测量位置	OFF 挡电压/V	IG 挡电压/V	车辆上电电压/V
SF08（40A）	11～12	11～12	13～14
EF09（10A）	0	11～12	13～14

（2）使用万用表检测熔丝是否损坏。关闭启动开关，断开蓄电池负极接线柱，拔下待检测的熔丝。使用万用表电阻挡测量熔丝的阻值，标准值<10Ω。注意：熔丝损坏可能是过载与出现短路情况导致的。若熔丝损坏，则需要先排除供电线路短路故障，再更换新的熔丝。

（3）冷却风扇线路检测。检测条件：车辆上电，组合仪表板显示 READY。标准值如表 5-6 所示。

表 5-6　冷却风扇线路检测

测量位置	标准值/V	检测目的
CA31/1—接地	13～14	检测冷却风扇 2 供电线是否正常
CA30b/1—接地	13～14	检测冷却风扇 1 供电线是否正常
CA31/3—蓄电池正极	13～14	检测冷却风扇 2 接地线是否正常
CA30b/3—蓄电池正极	13～14	检测冷却风扇 1 接地线是否正常
CA66/11—接地	13～14	检测低速风扇继电器 ER12 是否正常工作
CA67/128—接地	13～14	检测低速风扇继电器线圈控制线是否正常

（4）冷却风扇继电器检测。关闭启动开关，断开蓄电池负极接线柱，拔下冷却风扇继电器 ER12、ER13，用万用表检测继电器，标准值如表 5-7 所示，若不符合标准值，则该继电器损坏。

表 5-7　冷却风扇继电器检测

测量位置	标准值/Ω	检测目的
继电器接点 85 号—86 号	80～120	检测继电器线圈是否正常
继电器接点 30 号—87 号	∞	检测继电器常开触点是否正常
继电器接点 30 号—87 号（85 号与 86 号接工作电压）	<1	检测继电器触点是否正常工作

5.4.3　驱动电机温度传感器检测

驱动电机温度传感器的电路图如图 5-18 所示，各端子定义如表 5-8 所示。

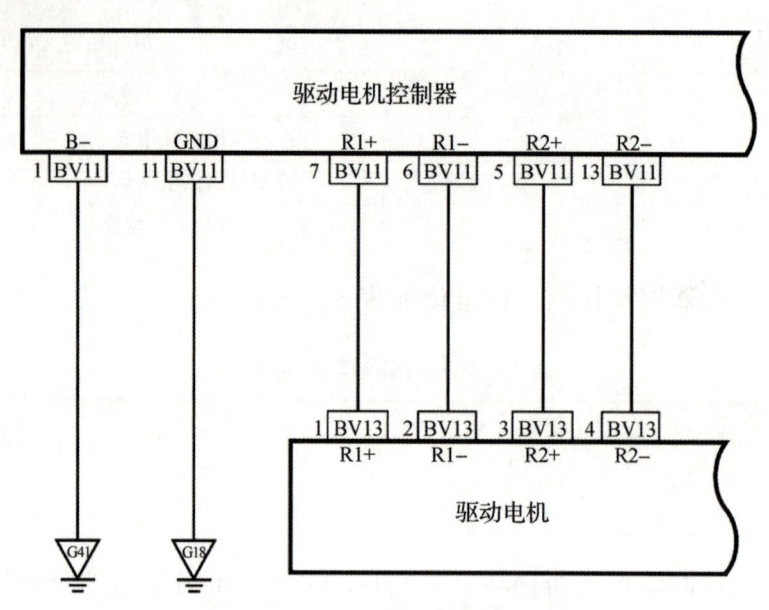

图 5-18 驱动电机温度传感器的电路图

表 5-8 驱动电机温度传感器电路各端子定义

端　子	定　义
BV11/7	温度传感器 1 信号线
BV11/6	温度传感器 1 接地线
BV11/5	温度传感器 2 信号线
BV11/13	温度传感器 2 接地线
BV11/1	驱动电机控制器信号线
BV11/11	驱动电机控制器接地线

（1）温度传感器供电电压检测。

检测条件：断开驱动电机线束插头，操作启动开关至 ON 挡。使用万用表测量 BV13/2 与 BV13/1 之间的电压，标准值为 5V；若实际测量值不符合标准值，则温度传感器 1 线路故障。使用万用表测量 BV13/3 与 BV13/4 之间的电压，标准值为 5V；若实际测量值不符合标准值，则温度传感器 2 线路故障。

（2）温度传感器故障检测。

断开蓄电池负极接线柱，拔下驱动电机控制器线束插头。使用万用表测量 BV11/6 与 BV11/7 之间的阻值，若不符合标准值，则更换温度传感器 1。使用万用表测量 BV11/5 与 BV11/13 之间的阻值，若不符合标准值，则更换温度传感器 2。

温度传感器电阻的标准值如表 5-9 所示。

表 5-9 温度传感器电阻的标准值

温　度/℃	标准值/Ω
-40	241±20
20	13.6±0.8
85	1.6±0.1

（3）温度传感器线路检测。

断开蓄电池负极接线柱，拔下驱动电机与驱动电机控制器线束插头。温度传感器与驱动电机控制器线路电阻的标准值如表5-10所示。

表5-10 温度传感器与驱动电机控制器线路电阻的标准值

测量位置	标准值/Ω
BV11/6—BV13/2	<1
BV11/7—BV13/1	
BV11/5—BV13/3	
BV11/13—BV13/4	

5.4.4 更换电动水泵

（1）拆解电动水泵（见表5-11）。

吉利EV450 电动水泵更换

表5-11 拆解电动水泵

步　骤	参考结果
断开蓄电池负极接线柱。 拔下电动水泵线束插接件。 拆解环箍，脱开散热器出水管（电动水泵侧）。 拆解环箍，脱开驱动电机控制器总成进水管（电动水泵侧）。 注意：水管脱开前请在车辆底部放置容器，接住冷却液，以免污染地面	
拆解电动水泵螺栓	

（2）安装电动水泵（见表5-12）。

表5-12 安装电动水泵

步 骤	参考结果
放置电动水泵，安装电动水泵螺栓，转矩为9N·m。 安装电动水泵线束插接件。 插接时注意"一插、二响、三确认"。 连接散热器出水管（电动水泵侧），安装环箍。 连接驱动电机控制器总成进水管（电动水泵侧），安装环箍。 注意：环箍安装位置应该与管路标示线对齐。 加注冷却液。 连接蓄电池负极接线柱。 关闭前舱盖	

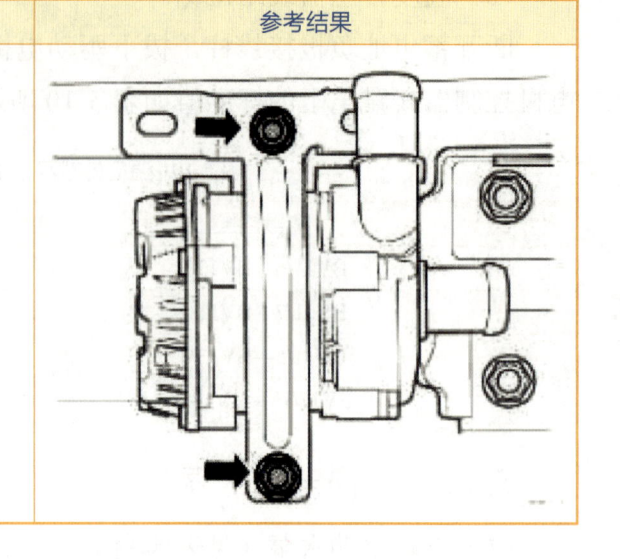

5.4.5 更换冷却液

（1）排放冷却液（见表5-13）。

表5-13 排放冷却液

步 骤	参考结果
打开膨胀罐盖。 脱开散热器出水管，用容器接住排放的冷却液。 注意：集中回收处理高压电池冷却液，等待报废或再生利用，不要将旧的高压电池冷却液排入下水管道，以便于保护环境	

（2）加注冷却液（见表5-14）。

表5-14 加注冷却液

步 骤	参考结果
连接散热器出水管。 管路检查，确保冷却管路连接完整。 静态加注。将车辆启动开关置于ON挡且非充电状态连接诊断仪，选择FE-3ZA车型→手动选择系统→空调控制器→特殊功能，选择加注初始化，车辆处于加注初始化状态。 拧开膨胀罐盖，缓慢加注冷却液，直至膨胀罐内的冷却液量达到80%左右，且液位不再下降。 注意：选用冰点为-40℃的冷却液	

续表

步　骤	参考结果
系统排气。控制诊断仪，使车辆处于排气状态，如果液位下降，则应及时补充冷却液，排气时长不小于 10min。 观察膨胀罐内冷却液下降情况，及时补充冷却液，保持冷却液液位处于 F 和 L 标注之间。 加注完成，拧紧膨胀罐盖，控制诊断仪，使车辆恢复默认模式	

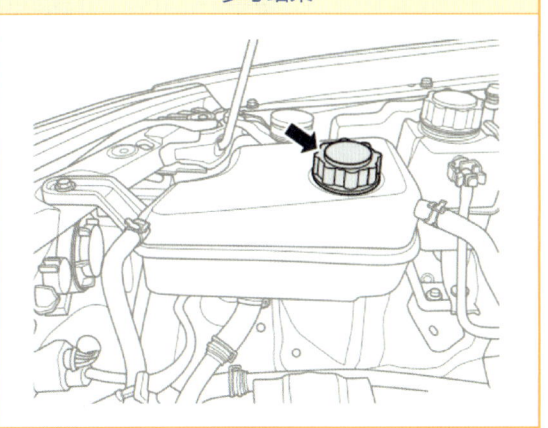

5.5　比亚迪 e5 驱动电机及控制器热管理系统

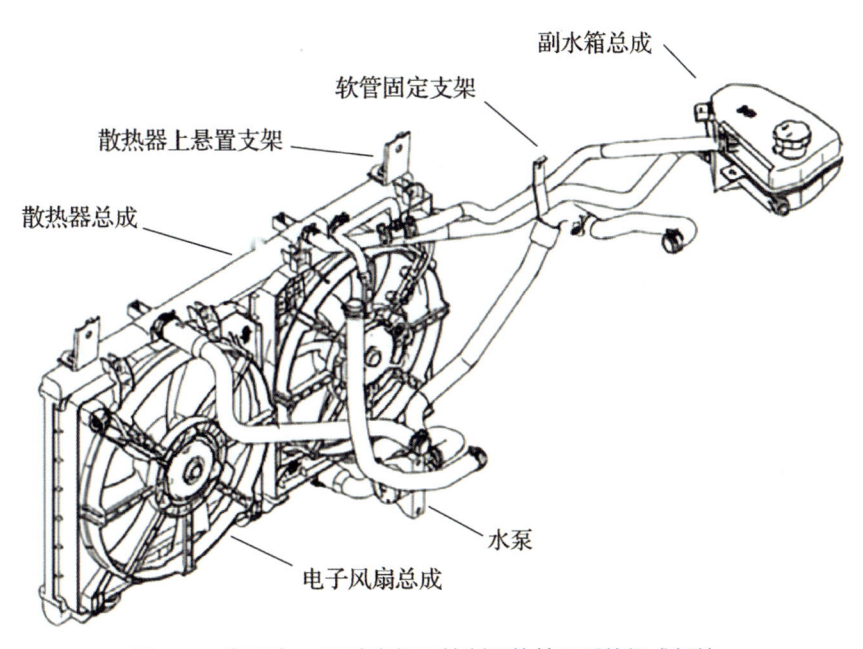

比亚迪 e5 驱动电机及控制器热管理系统分为 3 个部分：车辆空调控制模块、电机热管理系统模块、电池热管理系统模块。下面主要讲解电机热管理系统模块。

5.5.1　比亚迪 e5 驱动电机及控制器热管理系统概述

比亚迪 e5 驱动电机及控制器热管理系统主要负责电控高压系统的冷却功能，其中包括高压电控总成、驱动电机两部分，其主要组成包括散热器、电动水泵、高压电控总成、驱动电机、储液罐及各管路等。组成部件及工作结构简图如图 5-19 和图 5-20 所示。

图 5-19　比亚迪 e5 驱动电机及控制器热管理系统组成部件

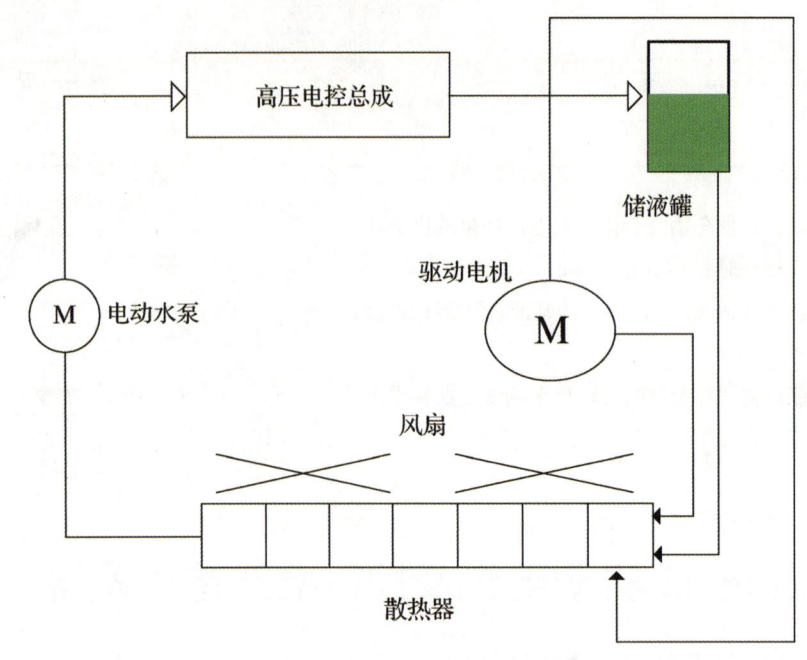

图 5-20　比亚迪 e5 驱动电机及控制器热管理系统工作结构简图

5.5.2　冷却液的工作过程

比亚迪 e5 驱动电机及控制器热管理系统的电动水泵安装在驱动电机前部底端，如图 5-21 所示，连接散热器与高压电控总成。工作时，电动水泵经过散热器降温的冷却液输送至高压电控总成的冷却管道内。

图 5-21　电动水泵的安装位置

比亚迪 e5 的高压工作模块统一集成在高压电控总成内部，包含车载充电机模块、DC-DC 变换器模块、高压配电模块及漏电传感器等，集成的各模块在工作时都会发热，需要进行冷却散热。高压电控总成冷却管道接口如图 5-22 所示。

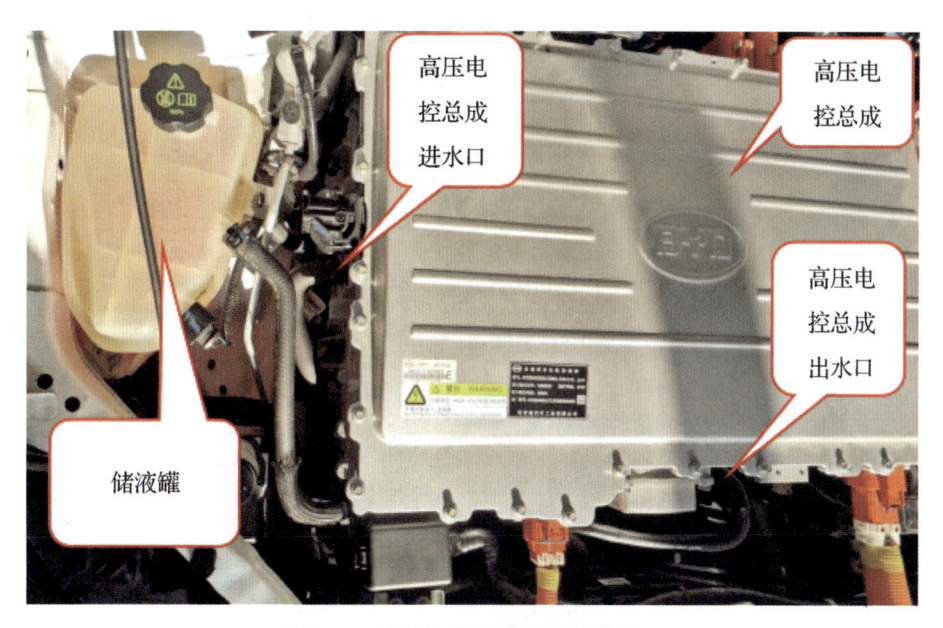

图 5-22　高压电控总成冷却管道接口

高压电控总成的冷却过程：散热器将冷却液进行冷却，电动水泵将散热后的冷却液通过冷却管道泵入高压电控总成中间冷却管道，对驱动电机控制器模块、车载充电机模块、DC-DC 变换器模块等进行冷却。高压电控总成中间冷却管道如图 5-23 所示。

图 5-23　高压电控总成中间冷却管道

高压电控总成中的冷却液工作完成后，从冷却管道出口流入驱动电机，对驱动电机进行冷却；与此同时，冷却液温度传感器对冷却液温度进行检测，并将温度信号反馈给高压电控总成。驱动电机冷却液进/出水口如图 5-24 所示。

在驱动电机内部工作后的冷却液由驱动电机冷却管道流向散热器，散热器对冷却液进行散热，如此往复循环，如图 5-25 所示。

新能源汽车驱动电机控制技术

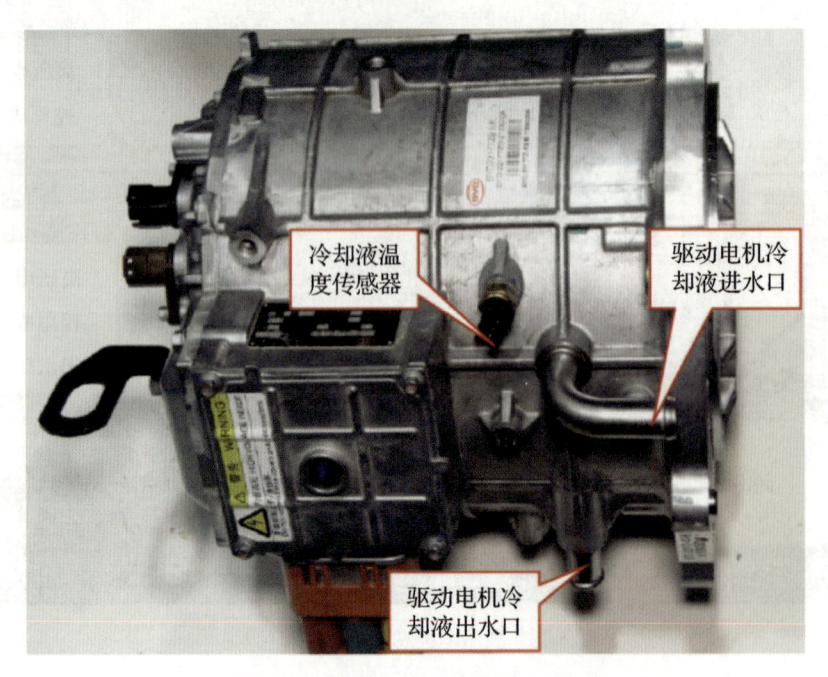

图 5-24 驱动电机冷却液进/出水口

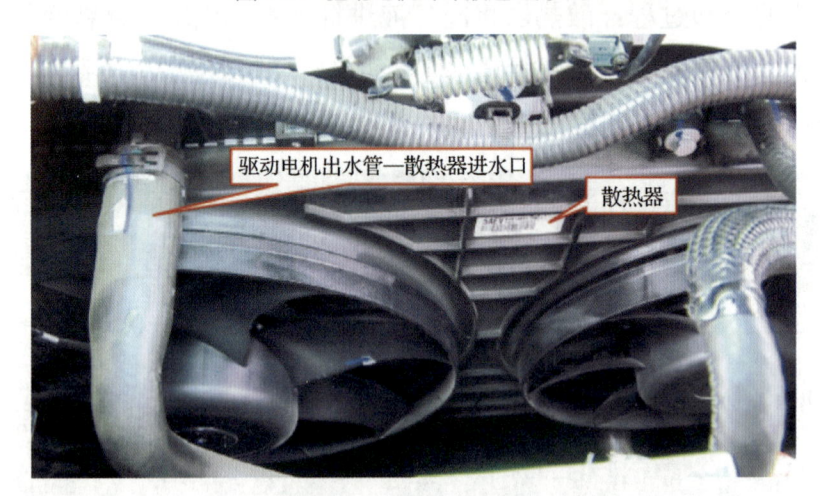

图 5-25 散热器连接管路

5.5.3 比亚迪 e5 冷却系统的控制原理

1. 电动水泵控制

比亚迪 e5 冷却系统在汽车电源处于 ON 挡时开始工作，电动水泵也开始运转。

在控制方式上，电动水泵采用无传感器换向和正弦波驱动的方式，提高了系统的可靠性，减小了噪声，同时具有 PWM 和 LIN 通信接口，如图 5-26 所示，通过控制指令实时控制电动水泵输出功率。在机械工艺方面，采用有效的散热设计，保证了设计的紧凑性，达到了减小体积、减轻质量、提高功率密度的目的，真正实现了体积小、质量轻、效率高、智能化的特点，可以满足电动汽车的控制器、驱动电机散热和传统汽车的辅助散热需求，如图 5-27 所示。

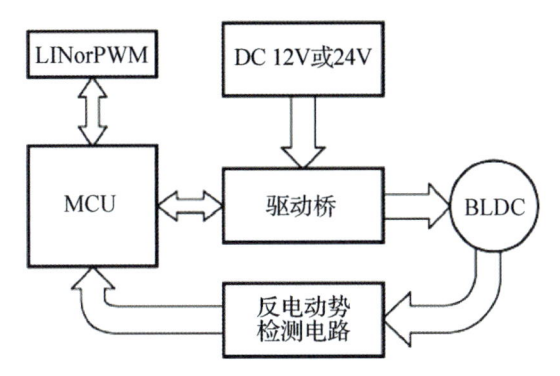

图 5-26 电动水泵控制原理

图 5-27 电动水泵控制原件

2. 冷却风扇控制

冷却风扇的工作状态分为低速状态和高速状态两种，根据各部件工作温度选择对应的工作状态。

冷却液温度为 40～50℃时，冷却风扇处于低速状态；大于 55℃时，冷却风扇处于高速状态。

IPM 温度为 53～64℃时，冷却风扇处于低速状态；大于 64℃时，冷却风扇处于高速状态；大于 85℃时，冷却风扇报警。

IGBT 温度为 55～75℃时，冷却风扇处于低速状态；大于 75℃时，冷却风扇处于高速状态；大于 90℃时，冷却风扇限制功率输出；大于 100℃时，冷却风扇报警。

驱动电机温度为 90～110℃时，冷却风扇处于低速状态；大于 110℃时，冷却风扇处于高速状态。

5.5.4 比亚迪 e5 驱动电机及控制器热管理系统检修

1. 电动水泵检测

当电动水泵故障导致高压电控总成与驱动电机冷却效果变差、温度升高时，需要更换电

动水泵。

(1) 安全注意事项。

因电动水泵位于车身下部，附近有高压线缆，故拆解电动水泵之前必须严格按照规范对车辆进行下电操作。需要关闭点火开关，断开蓄电池负极接线柱，拔下维修开关。为确保安全，最好由两人共同完成电动水泵的更换。

(2) 电动水泵更换。

用手触摸，确认驱动电机和冷却液储液罐等已冷却，沿逆时针方向慢慢旋开冷却液储液罐盖，将冷却系统中的残余压力全部释放，取下冷却液储液罐盖。

举升车辆，旋下散热器放水阀，将排出的冷却液存放于合适的容器内，排尽冷却液。

安装散热器放水阀，降下车辆，拔下电动水泵线束插头，松开电动水泵出水管卡箍，脱开电动水泵出水管。

举升车辆，松开电动水泵进水管卡箍，脱开电动水泵进水管，拆下电动水泵上的 2 颗固定螺栓，取下电动水泵。

检查并清洁水泵，清除溢出的冷却液。

电动水泵拆解完成，安装时按相反顺序进行。注意排放冷却系统中的空气。

2. 冷却风扇检查与更换

比亚迪 e5 冷却风扇的控制电路如图 5-28 所示。

1) 冷却风扇检查

(1) 检查保险：用万用表检查熔断器是否导通，异常则更换。

(2) 拔下冷却风扇插接件；将冷却风扇插接件的正/负极通电，检查其运行情况；冷却风扇运行正常继续使用，异常则更换。

(3) 检查冷却风扇继电器。

(4) 检查线束。

(5) 检查主控。

2) 冷却风扇更换

(1) 排放冷却系统冷却液。

(2) 拆下散热器上的软管与冷凝器上的固定螺栓。

(3) 断开电子风扇开关插接件。

(4) 拆解上悬置支架、水箱上横梁，拉起散热器。

(5) 拆解散热器上的电子风扇总成及其他部件。

(6) 按与拆解相反的顺序安装散热器，确认上/下减震垫安装就位且牢固。

(7) 给冷却系统注入冷却液，排放冷却系统中的空气。

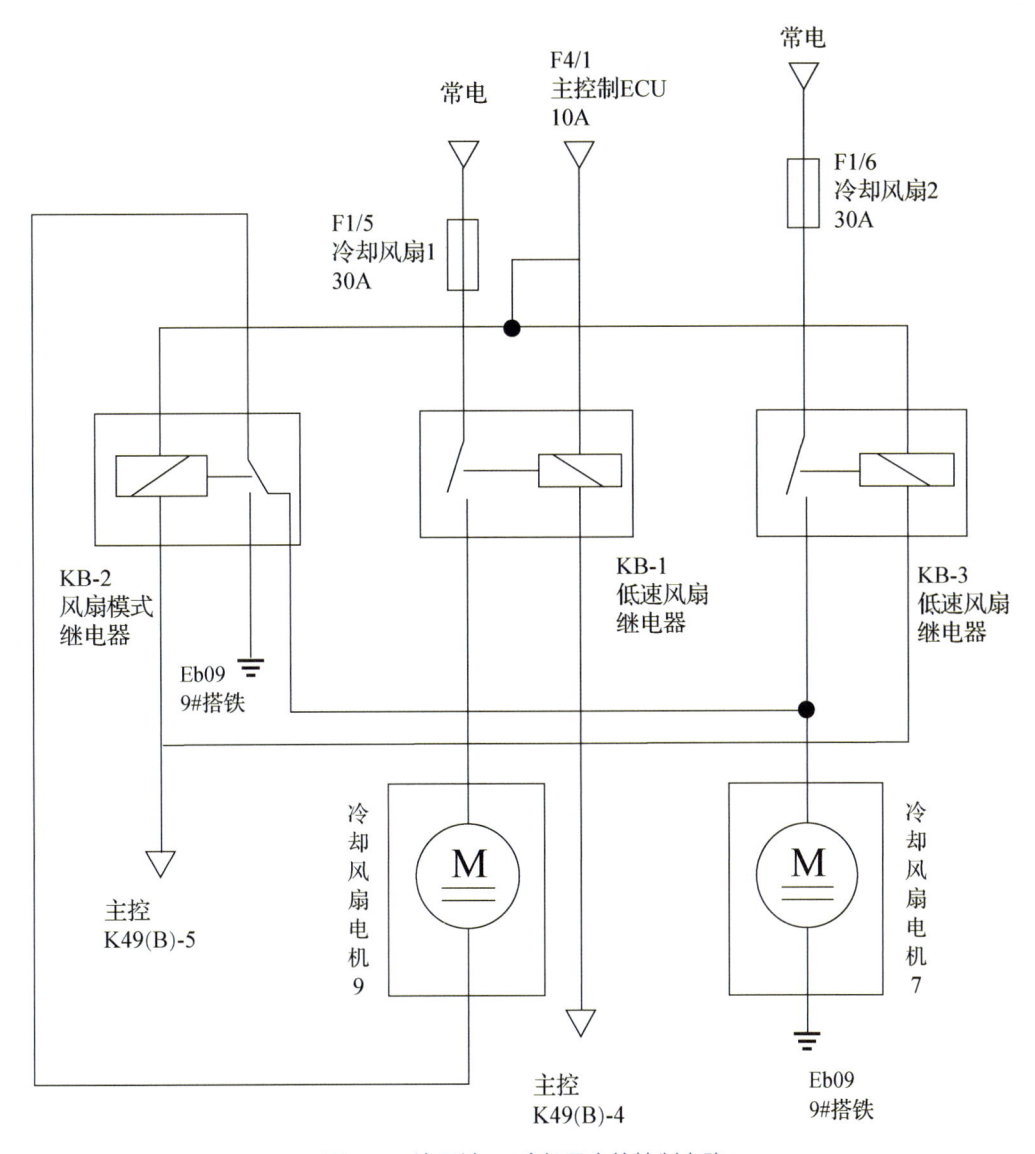

图 5-28 比亚迪 e5 冷却风扇的控制电路

3. 副水箱盖检测

（1）拆下副水箱盖，用冷却液湿润其密封圈，将它装在压力测试仪上，如图 5-29 所示。

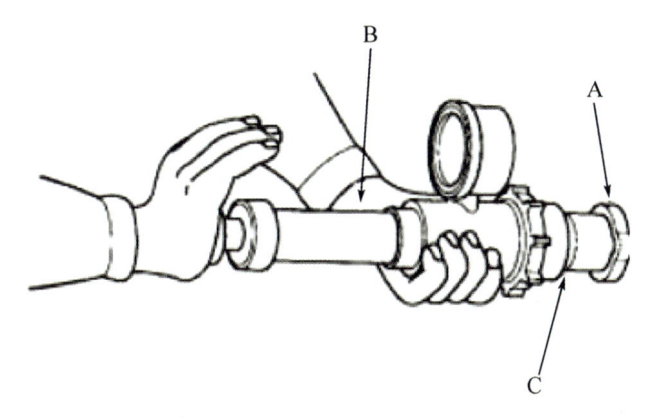

A—副水箱盖；B—压力测试仪；C—连接件

图 5-29 副水箱盖检测

(2）施加15~45kPa的压力。

(3）检查压力是否下降，若压力不变，则代表副水箱盖正常；若压力下降，则更换副水箱盖。

4．副水箱检测

(1）电机/电控系统冷却后，小心地拆下副水箱盖，给副水箱注入冷却液，直至到达副水箱最高标记处。

(2）将压力测试仪装在副水箱上并连接。

(3）施加15~45kPa的压力。

(4）检查冷却液是否泄漏及压力是否下降。

(5）拆除压力测试仪，重新安装副水箱盖。

5．冷却液检查与更换

1）冷却液检查

(1）观察副水箱中冷却液的液位。确认液位处于最高标记和最低标记之间。

(2）如果副水箱中冷却液的液位处于或低于最低标记，则向副水箱注入冷却液，直至接近最高标记，并检查冷却系统有无泄漏。

2）冷却液更换

(1）先上电让电动水泵运行约5min，然后断电，重复2或3次。用手触摸，确认驱动电机和副水箱等已冷却，拆下副水箱盖。

(2）沿逆时针方向慢慢转动副水箱盖，可将冷却系统中的残余压力全部释放。

(3）取下副水箱盖。

(4）拧松放水阀，排尽冷却液。将排出的冷却液存放于合适的容器内。

(5）待冷却液排净后，旋紧散热器放水阀。

(6）按照维修手册规定，将相应的冷却液倒入副水箱，使其液位达到注入口颈部的底端。

(7）盖上副水箱盖并拧紧，先上电让电动水泵运行约5min，然后断电。

(8）待驱动电机和副水箱等冷却后，取下副水箱盖，将比亚迪公司指定的冷却液注入副水箱，使其液位达到注入口颈部的底端。

(9）盖上副水箱盖并拧紧，先上电让电动水泵运行约5min，然后断电。

(10）待驱动电机和散热器等冷却后，取下副水箱盖，将比亚迪公司指定的冷却液注入副水箱，使其液位达到副水箱最高标记。

(11）重复步骤（9）和（10），直至不再需要注入冷却液。副水箱的容量约为6.1L。

(12）盖上副水箱盖并旋至最终停止位，彻底拧紧。

工作任务　　吉利帝豪EV450电动水泵的更换

内　容	操　作
总目标：在学习理论知识的基础上，根据任务要求进行动手实践，掌握电动水泵的更换	
（一）准备	
开始作业前，准备好一台整车（以吉利帝豪 EV450 为例）及其相关技术资料。工具箱和防护用品柜内需要有足够的专用维修工具和各类防护用具	1. 劳动保护 ①穿好实训服； ②穿好劳保鞋； ③检查并佩戴工作手套； ④检查专用维修工具和各类防护用具。 2. 台架及操作台防护 ①检查并锁死台架车轮； ②检查并确保台架无松动、摇晃情况； ③检查操作台
（二）明确实训内容	
学生工作	①在各自工位上分组学习； ②在充分学习本项目相关知识的基础上，通过查阅相关技术资料和对电动水泵的拆装，完成实训工单（见本书配套教学资源）； ③7S（整理、整顿、清洁、清扫、素养、安全、节约）管理； ④自我评价
指导教师工作	学生在进行上述操作的过程中，指导教师进行下列工作。 ①向学生讲解安全注意事项，并要求学生在实训工单中做记录； ②观察、指导学生进行相关操作，及时制止可能发生危险的操作； ③实操结束后审阅学生完成的实训工单，并结合其操作情况给出评价

操作练习　　吉利帝豪EV450电动水泵的更换

内　容	操作及数据记录	参考结果
（一）准备		
开始作业前，准备好一台整车（以吉利帝豪 EV450 为例）及其相关技术资料。工具箱和防护用品柜内需要有足够的专用维修工具和各类防护用具			
1. 劳动保护 ①穿好实训服； ②穿好劳保鞋； ③检查并佩戴工作手套； ④检查专用维修工具和各类防护用具。 2. 台架及操作台防护 ①检查并锁死台架车轮；		

续表

内 容	操作及数据记录	参考结果
（一）准备		
②检查并确保台架无松动、摇晃情况； ③检查操作台		
（二）实训内容		
步骤一：电动水泵的拆解		
断开电源及其连接线束插接件	断开蓄电池负极接线柱。 注意：务必佩戴手套，以及使用绝缘工具断开蓄电池负极接线柱	
打开冷却液阀总成盖并举升车辆	首先打开冷却液阀总成盖（如右图所示）；按要求在做好安全防护、保证安全的情况下举升车辆至适当位置（如右图所示）。 注意：举升车辆前务必做好安全防护措施，并安排一个安全员在旁边做好安全防护工作	

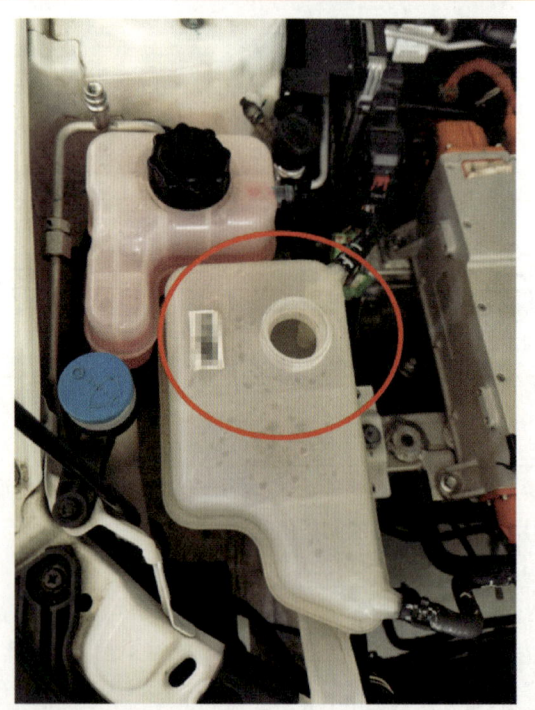

续表

内　容	操作及数据记录	参考结果
（二）实训内容		
步骤一：电动水泵的拆解		
拔下电动水泵线束插接件	拔下电动水泵线束插接件，如右图所示进行操作	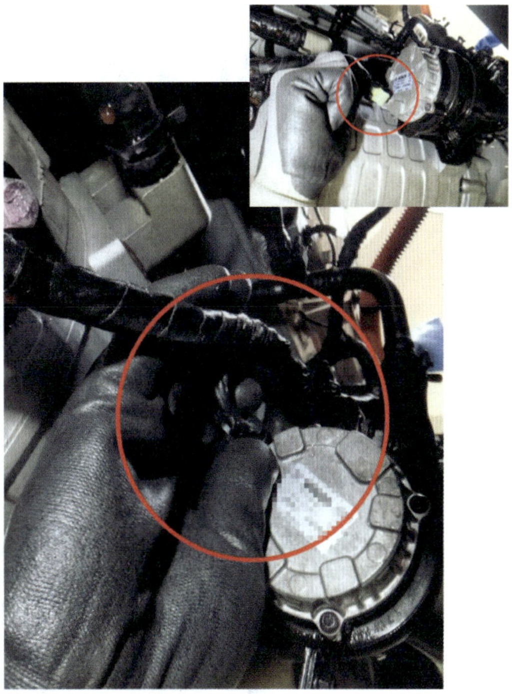
拆解环箍	拆解环箍，脱开散热器出水管（电动水泵侧）； 拆解环箍，脱开驱动电机控制器总成进水管（电动水泵侧）。 注意：水管脱开前请在车辆底部放置容器，接住冷却液，以免污染地面 	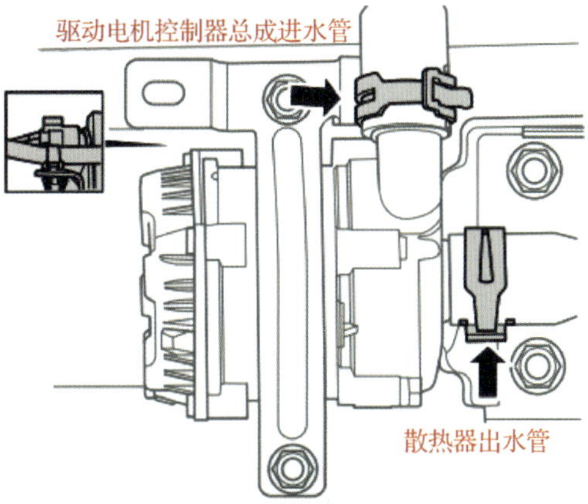 

续表

内　容	操作及数据记录	参考结果
（二）实训内容			
步骤一：电动水泵的拆解			
拆下电动水泵上的螺栓	拆下电动水泵上的螺栓，如右图所示 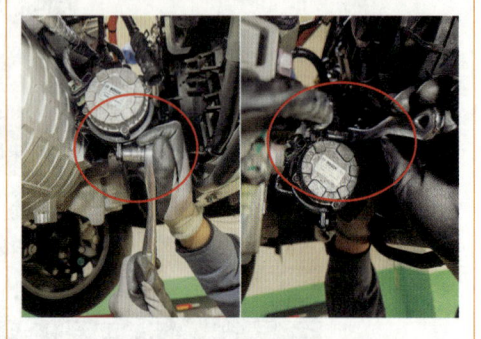	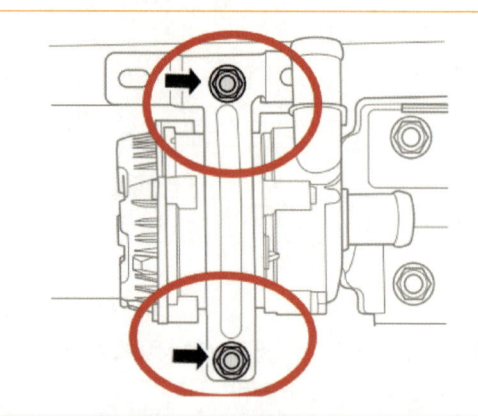
取下电动水泵	如右图所示，取下电动水泵放置在一旁。 注意：取的过程中不要误损伤了机体外壳 	
步骤二：电动水泵的安装			
安装电动水泵螺栓	放置电动水泵，安装电动水泵螺栓，转矩为9N·m 	

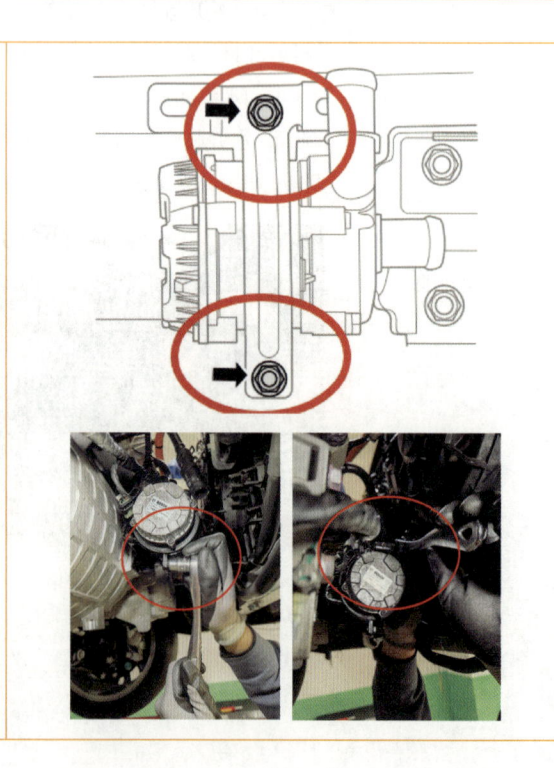

驱动电机及控制器热管理系统检修 **学习单元 5**

续表

内　容	操作及数据记录	参考结果
（二）实训内容			
步骤二：电动水泵的安装			
连接水管，安装环箍	连接散热器出水管（电动水泵侧），安装环箍；连接驱动电机控制器总成进水管（电动水泵侧），安装环箍。 注意：环箍安装位置应该与管路标示线对齐 	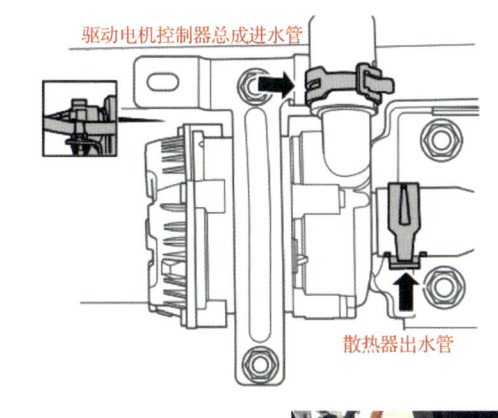 驱动电机控制器总成进水管 散热器出水管
安装电动水泵线束插接件	安装电动水泵线束插接件。 插接时要注意"一插、二响、三确认" 	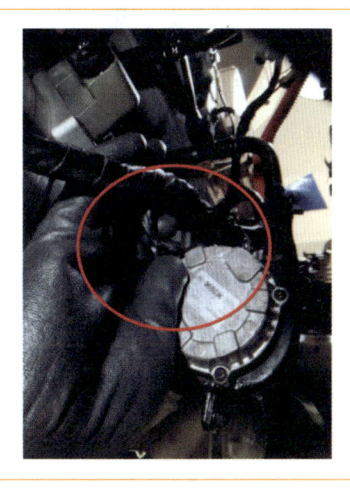
步骤三：加注冷却液			
降下车辆加注冷却液	管路检查，确保冷却管路连接完整后降下车辆。 静态加注，将车辆启动开关置于 ON 挡且非充电状态连接诊断仪，选择 FE-3ZA 车型→手动选择系统→空调控制器→特殊功能，选择加注初始化，车辆处于加注初始化状态	

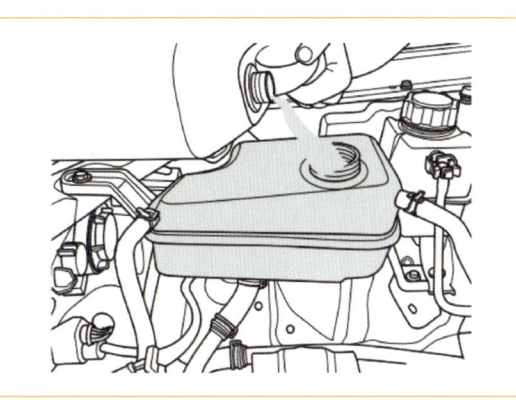

141

续表

内　容	操作及数据记录	参考结果
（二）实训内容		
步骤三：加注冷却液		
降下车辆 加注冷却液	拧开膨胀罐盖，缓慢加注冷却液，直至膨胀罐内冷却液量达到80%左右，且液位不再下降。 注意：选用冰点为-40℃的冷却液	
系统排气	控制诊断仪，使车辆处于排气状态，如果液位下降，则及时补充冷却液，排气时长不小于10min。 观察膨胀罐内冷却液下降情况，及时补充冷却液，保持冷却液液位处于F和L标注之间 加注完成，拧紧膨胀罐盖，控制诊断仪，使车辆恢复默认模式	正在排气，液体表面有明显气泡 排气结束，液体表面无气泡产生
恢复电源	恢复蓄电池负极接线柱。 注意：务必佩戴工作手套，以及使用绝缘工具恢复蓄电池负极接线柱	
（三）整理场地		
1. 检查车辆、工具、设备是否恢复原位；2. 检查场地是否被清理并保持清洁		

习 题

1. 汽车热管理系统包括一个_____和三个_____。
2. 电动汽车采用的电动水泵属于_____，主要由_____、_____、泵体、泵盖、挡水圈、泵轴等部件组成。
3. 吉利帝豪 EV450 采用的驱动电机冷却液加注量为_____L，冰点≤____℃。
4. 请叙述汽车热管理系统的组成。

5. 简述驱动电机及控制器热管理系统的工作原理。

任务评价

请根据任务的完成情况，对自己的工作进行评估、总结。

评分内容	自　评	互　评	教师评
遵守安全规范操作（10分）			
遵守课堂纪律（10分）			
学生面貌（10分）			
课堂氛围（10分）			
团队合作（10分）			
知识与技能（20分）			
过程与方法（20分）			
完成本任务实训工单（10分）			
总分（100分）			

反侵权盗版声明

电子工业出版社依法对本作品享有专有出版权。任何未经权利人书面许可，复制、销售或通过信息网络传播本作品的行为；歪曲、篡改、剽窃本作品的行为，均违反《中华人民共和国著作权法》，其行为人应承担相应的民事责任和行政责任，构成犯罪的，将被依法追究刑事责任。

为了维护市场秩序，保护权利人的合法权益，我社将依法查处和打击侵权盗版的单位和个人。欢迎社会各界人士积极举报侵权盗版行为，本社将奖励举报有功人员，并保证举报人的信息不被泄露。

举报电话：（010）88254396；（010）88258888
传　　真：（010）88254397
E-mail：dbqq@phei.com.cn
通信地址：北京市万寿路173信箱
　　　　　电子工业出版社总编办公室
邮　　编：100036